天硕会计在线
www.tstra.com

会计从业资格无纸化考试
"轻松过关一点通"系列丛书

会计基础

总策划 沈阳市天硕教育培训学校

组 编 天硕会计在线

编 著 赵迎红

Accounting

Basics

东北财经大学出版社
Dongbei University of Finance & Economics Press

大连

图书在版编目（CIP）数据

会计基础/赵迎红编著. —大连：东北财经大学出版社，
2015.9

（会计从业资格无纸化考试"轻松过关一点通"系列丛书）

ISBN 978-7-5654-2106-8

Ⅰ. 会… Ⅱ. 赵… Ⅲ. 会计学-资格考试-自学参考资料
Ⅳ. F230

中国版本图书馆 CIP 数据核字（2015）第 220690 号

东北财经大学出版社出版

（大连市黑石礁尖山街 217 号 邮政编码 116025）

教学支持：（0411）84710309

营 销 部：（0411）84710711

总 编 室：（0411）84710523

网 址：http://www.dufep.cn

读者信箱：dufep@dufe.edu.cn

辽宁新华印务有限公司印刷 东北财经大学出版社发行

幅面尺寸：170mm×240mm 字数：254 千字 印张：14

2015 年 9 月第 1 版 2015 年 9 月第 1 次印刷

责任编辑：王 莹 吴 茜 责任校对：红 日

封面设计：冀贵收 版式设计：钟福建

定价：32.00 元

编委会成员

前言

《中华人民共和国会计法》中明确规定，"从事会计工作的人员，必须取得会计从业资格证书"。《会计从业资格管理办法》中同样规定，国家实行会计从业资格考试制度，考试科目为"财经法规与会计职业道德"、"会计基础"、"会计电算化"。可以说，参加会计从业资格考试并成绩合格是取得会计从业资格证书、从事会计工作的前提条件，也是开启会计职业生涯必跨的"门槛"。为了更好地帮助广大考生顺利通过会计从业资格考试，沈阳市天硕教育培训学校特邀请权威专家、学者在各省（区、市）历年真题的基础上充分研究各省（区、市）历年命题热点、易考知识点，共同编写了会计从业资格无纸化考试"轻松过关一点通"系列丛书。本系列丛书是专门针对无纸化考试的应试辅导用书，包括《会计基础》、《财经法规与会计职业道德》，内容包括本章基本结构、考点内容精讲以及同步练习，同时配套上机模拟考试系统。针对有些省份考试系统中有超纲的考题，本书中特别增加了无形资产业务的账务处理和交易性金融资产的账务处理，使广大考生通过"轻松过关一点通"系列丛书的学习，顺利地通过会计从业资格考试，更好地胜任会计工作岗位。会计从业资格无纸化考试"轻松过关一点通"系列丛书具有以下特点：

1. 权威性

"轻松过关一点通"系列丛书严格依据财政部 2014 年 10 月起实施的最新考试大纲与无纸化考试随机组卷涉及考点全面的特点编写。本书考点内容精讲部分覆盖所有考点，并在此基础上提炼要点、疏解难点，着力提高考生复习效率。"轻松过关一点通"系列丛书中的所有同步练习题目均出自各省（区、市）会计从业资格考试历年真题题库。

2. 配套性

"轻松过关一点通"系列丛书以其配套性为主要特色。所谓"配套性"是指"轻松过关一点通"系列丛书严格按照财政部最新考试大纲编写，紧密结合考试大纲列出的考点并适当延伸，同步于各省财政机关的推荐教材。本系列丛书自成体系，同时在沈阳市天硕教育培训学校官网配有相应的网上课程以及无纸化模拟系统，考生可进行强化训练。

3. 预测性

应对考试，充分的做题必不可少。"轻松过关一点通"系列丛书归类题库部分，全面收录题库真题，并按考点归类编排，精确预测常考知识点，以达到通过做题复习考点的目的，而且方便读者复习评估、查缺补漏，对考试具有一定的预测性。

本书既可以作为参加会计从业资格考试人员复习应考的重要参考用书，也可以作为会计实务工作者的学习参考用书。

欢迎访问沈阳市天硕教育培训学校的官方网站：http//www. tstra. com。

编者

2015 年 8 月

目录

第
一
章

总论

【本章基本结构】

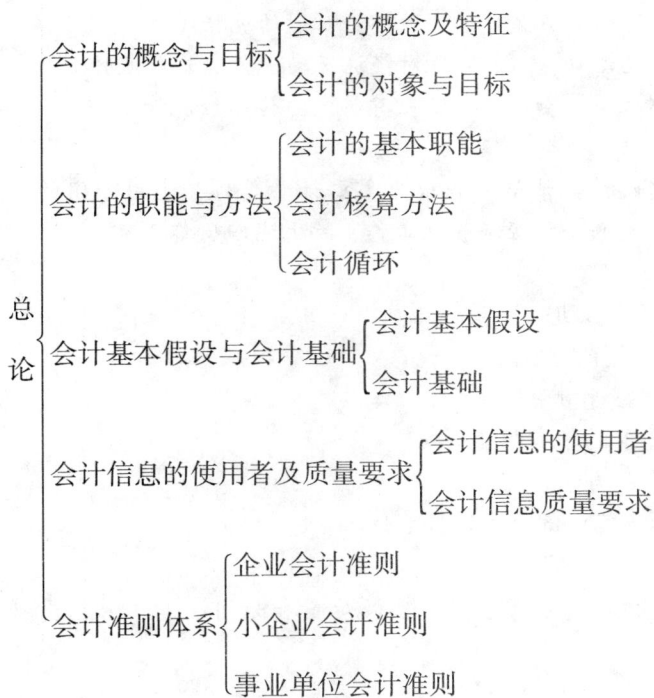

```
          ┌ 会计的概念与目标 ┌ 会计的概念及特征
          │                  └ 会计的对象与目标
          │
          │                  ┌ 会计的基本职能
          │ 会计的职能与方法  ┤ 会计核算方法
          │                  └ 会计循环
          │
  总      │ 会计基本假设与会计基础 ┌ 会计基本假设
  论      ┤                        └ 会计基础
          │
          │                          ┌ 会计信息的使用者
          │ 会计信息的使用者及质量要求 ┤
          │                          └ 会计信息质量要求
          │
          │              ┌ 企业会计准则
          └ 会计准则体系  ┤ 小企业会计准则
                         └ 事业单位会计准则
```

【考点内容精讲】

【考点一】会计的概念与目标

一、会计的概念及特征

1. 会计的概念

会计是以货币为主要计量单位，运用专门的方法，核算和监督一个单位经济活动的一种经济管理工作。

【例题1.多项选择题】下列有关会计的说法中，正确的包括（　　　）。

A.本质上是一种经济管理活动　　　　B.对经济活动进行核算和监督

C.以货币为主要计量单位　　　　　　D.核算特定主体的经济活动

【答案】ABCD

【解析】根据会计的定义，会计是以货币为主要计量单位，运用专门的方法，核算和监督一个单位经济活动的一种经济管理工作，故上述四项都正确。

2. 会计的基本特征

（1）会计是一种经济管理活动；

（2）会计是一个经济信息系统；

（3）会计以货币作为主要计量单位；

（4）会计具有核算和监督的基本职能；

（5）会计拥有一系列专门方法。

【例题2.判断题】会计只能以货币为计量单位。（　　　）

【答案】×

【解析】会计的计量手段包括货币度量、实物度量和时间度量，但主要以货币为计量单位。

3. 会计的发展历程

会计的发展可划分为古代会计、近代会计和现代会计三个阶段。

（1）古代会计的发展

古代会计从旧石器时代的中晚期至封建社会末期，是社会发展到一定阶段的产物。人类原始计量记录行为的发生是以人类生产行为的发生、发展作为根本前提的。

（2）近代会计的发展

1494年，意大利数学家卢卡·帕乔利（Luca Pacioli）在威尼斯出版了他的名著

——《算术、几何、比及比例概要》，标志着近代会计的产生。书中论述了复式簿记，设计了更为简单的会计分录形式，采用了"Debit"和"Credit"的形式，并探讨了多项分录的编制，设置了辅助账簿，阐明了这两类账簿各自的作用和结合使用方法等。

（3）现代会计的发展

现代会计的发展主要表现为：

①会计学基础理论的创立；

②会计理论和方法逐渐分化成两个领域，即财务会计和管理会计；

③审计基本理论的创立；

④会计电算化的产生与应用。

【例题3.多项选择题】会计的发展过程经历了（　　　）三个阶段。

A.古代会计　　　　　　B.近代会计　　　　　　C.现代会计　　　　　　D.电算化会计

【答案】ABC

【解析】会计的发展可划分为古代会计、近代会计和现代会计三个阶段，故ABC正确。

二、会计的对象与目标

1. 会计对象

会计对象是指会计核算和监督的内容，即会计工作的客体，也就是企业再生产过程中的资金运动，包括企业资金投入、资金运用和资金退出的资金运动的全过程。

（1）资金的投入是企业资金运动的起点，是指企业通过各种方式筹集资金的过程，包括企业所有者投入的资金和债权人投入的资金。

（2）资金的运用是指资金的循环与周转，包括供应过程、生产过程、销售过程。

（3）资金的退出包括偿还债务、缴纳各项税金、向所有者分配利润等。

工业企业资金循环与周转过程资金的形态变化为货币资金→储备资金→生产资金→产品资金→货币资金。

资金运用的三部分内容，构成了开放的运动形式，三种运动形式是相互支持、相互制约的统一整体。没有资金的投入，就没有资金的循环与周转，就不会有债务的偿还、税金的缴纳和利润的分配等；没有资金的退出，就不会有新一轮的资金投入，就不会有企业的发展。

【例题4.单项选择题】下列各项不属于企业资金循环和周转环节的是（　　　）。

A.供应过程　　　　　　B.生产过程　　　　　　C.销售过程　　　　　　D.分配过程

【答案】D

【解析】资金运用是指资金的循环与周转，包括供应过程、生产过程、销售过程。

【例题5.多项选择题】资金运动的内容包括（　　　　）。

A.资金的投入　　　　B.资金的循环　　　　C.资金的退出　　　　D.资金的周转

【答案】ABCD

【解析】资金的运动过程包括资金的投入、资金的循环与周转、资金的退出，故 ABCD 均正确。

【例题6.多项选择题】下列业务中，属于资金退出的有（　　　　）。

A.购买材料　　　　B.缴纳税费　　　　C.对外分配利润　　　　D.归还银行借款

【答案】BCD

【解析】缴纳税费、归还银行借款和对外分配利润属于资金退出；购买原材料属于资金的循环与周转，因此 BCD 正确。

2. 会计的目标

会计的目标是向财务会计报告使用者提供与企业财务状况、经营成果和现金流量等有关的会计信息，反映企业管理层受托责任的履行情况，有助于财务会计报告使用者做出经济决策。

（1）会计目标的主体包括会计信息的使用主体和提供会计信息的主体两个方面；

（2）会计目标的客体主要明确"会计信息的使用者需要什么样的会计信息"。

【例题7.判断题】会计的目标是向使用财务会计报告的管理者提供与企业财务状况、经营成果和现金流量等有关的会计信息。

【答案】×

【解析】会计的目标是向财务会计报告使用者提供与企业财务状况、经营成果和现金流量等有关的会计信息。

【考点二】会计的职能与方法

一、会计的基本职能

1. 会计核算职能

会计核算职能是会计的首要职能，又称会计反映职能，是指以货币计量为主要单位，通过确认、计量、记录和报告等环节，反映特定会计主体的经济活动，向有关各方提供会计信息。

注意：会计核算的四个环节是确认（是否应该或能够）→计量（确定金额）→记录→报告。

【例题1.单项选择题】（　　）是会计的首要职能。

A.会计核算　　　　　B.会计决策　　　　　C.会计控制　　　　　D.会计考核

【答案】A

【解析】会计核算职能是会计的首要职能，是指以货币为主要计量单位，通过确认、计量、记录和报告等环节，反映特定会计主体的经济活动，向有关各方提供会计信息，故A正确。

【例题2.单项选择题】下列不属于会计核算职能的是（　　）。

A.确定经济活动是否应该或能够进行会计处理

B.将经济活动内容记录在凭证上，并进行计算汇总

C.审查经济活动是否符合合理性的要求

D.编制会计报表

【答案】C

【解析】会计核算职能是以货币计量为主要单位，对各种单位经济业务活动或者预算执行情况及其结果进行连续、系统、全面的记录和计量，并据以编制会计报表。审查经济活动是否符合合理性的要求不属于会计核算职能。

2. 会计监督职能

会计监督职能，又称会计控制职能，是指对特定主体经济活动和相关会计核算的真实性、合法性和合理性进行监督检查。其特点有以下三点：

（1）会计监督主要是利用价值量指标来进行的，能够及时、有效、全面地控制单位的经济活动。

（2）会计监督包括事前、事中和事后全过程的监督。

①事前监督是对将要发生的经济活动进行会计监督；

②事中监督是对正在发生的经济活动进行会计监督；

③事后监督是对已经发生的经济活动进行会计监督。

（3）会计监督职能要审查合法性、合理性。

①合法性：符合国家的各项法律、法规；

②合理性：符合经济活动的客观规律及企业自身在经营管理方面的要求。

3. 会计核算职能与会计监督职能的关系

会计核算是会计监督的基础，会计监督是会计核算质量的保障。

【例题3.单项选择题】下列属于事中监督的事项是（　　）。

A.制定定额　　　　　　　　　　B.编制预算

C.纠正生产过程中的偏差　　　　D.对年度财务报表进行审核

【答案】C

【解析】制定定额、编制预算属于事前监督，纠正生产过程中的偏差属于事中监督，对年度财务报表进行审核属于事后监督。

【例题4.多项选择题】会计的基本职能包括（　　　）。

A.会计核算　　　　　B.财务预测　　　　　C.会计监督　　　　　D.财务分析

【答案】AC

【解析】会计具有核算和监督两项基本职能，故AC正确。

【例题5.判断题】会计监督是一种事后监督。（　　　）

【答案】×

【解析】会计监督包括事前、事中和事后全过程的监督，故上述说法错误。

4. 会计的拓展职能

会计的拓展职能主要有：预测经济前景、参与经济决策、评价经营业绩。

二、会计核算方法

1. 设置会计科目及账户；

2. 复式记账；

3. 填制和审核凭证；

4. 登记账簿；

5. 成本计算；

6. 财产清查；

7. 编制财务会计报告。

【例题6.单选题】下列项目中，不属于会计核算方法的是（　　　）。

A.复式记账　　　　　B.成本计算　　　　　C.财产清查　　　　　D.编制财务预算

【答案】D

【解析】会计核算的基本方法包括设置会计科目和账户、复式记账、填制和审核凭证、登记账簿、成本计算、财产清查、编制财务会计报告七种方法，编制财务预算属于管理会计的范畴，不包括在会计核算方法中。

三、会计循环

会计循环是指按照一定的步骤反复运行的会计程序。

会计循环的基本内容具体包括：填制和审核原始凭证→填制记账凭证→登记账簿→编制调整分录→结账→对账→试算平衡→编制会计报表和其他财务报告。

【考点三】会计基本假设与会计基础

一、会计基本假设

1. 会计主体

会计主体是指企业会计确认、计量和报告的空间范围，即会计信息所反映的特定单位或组织。

（1）会计主体可以是有法人资格的企业，也可以是拥有若干子公司的企业集团，还可以是企业集团统一领导下的二级核算单位（生产车间、事业部、营业部等）以及非法人组织（个人独资企业、合伙企业）；

（2）法律主体一定是会计主体，但是会计主体不一定是法律主体。

【例题1.多项选择题】下列企业内部部门中可作为一个会计主体单独核算的有（　　）。

A.分公司　　　　　B.营业部　　　　　C.生产车间　　　　　D.事业部

【答案】ABCD

【解析】会计主体可以是有法人资格的企业，也可以是拥有若干子公司的企业集团，还可以是企业集团统一领导下的二级核算单位（生产车间、事业部、营业部等）以及非法人组织，故ABCD都正确。

【例题2.单项选择题】一般说来会计主体与法律主体是（　　）。

A.是有区别的　　　B.相互一致的　　　C.不相关的　　　D.相互可替代的

【答案】A

【解析】会计主体与法律主体是有区别的，法律主体一定是会计主体，但会计主体不一定是法律主体，因此，A正确。

【例题3.单项选择题】界定从事会计工作和提供会计信息的空间范围的会计基本前提是（　　）。

A.会计职能　　　　B.会计主体　　　　C.会计内容　　　　D.会计对象

【答案】B

【解析】会计主体是指会计工作为其服务的特定单位或组织，它的主要作用在于界定不同会计主体会计核算的范围。

2. 持续经营

持续经营是指会计主体在可预见的未来，会按照当前的规模和状态继续经营下去，不会破产，也不会大规模削减业务。

企业会计确认、计量和报告应当以持续经营为前提，会计核算所使用的一系列方法和遵守的有关要求，都是建立在持续经营假设基础上的。

【例题4.单项选择题】企业固定资产可以按照其价值和使用情况，确定采用某一方法计提折旧，它所依据的会计核算前提是（　　　）。

A.会计主体　　　　B.持续经营　　　　　C.会计分期　　　　　D.货币计量

【答案】B

【解析】会计核算所使用的一系列方法和遵守的有关要求，都是建立在持续经营假设基础上的。

3. 会计分期

会计分期界定了会计信息的时间范围，是指将一个会计主体持续经营的生产经营活动人为地划分为若干相等的会计期间，以便分期结算账目和编制财务报告。

（1）会计期间分为年度、半年度、季度和月度，按历年制确定；

（2）半年度、季度、月度称为会计中期；

（3）由于会计分期，形成了权责发生制和收付实现制不同的记账基础，进而出现了应收、应付、预收、预付、折旧、摊销等会计处理方法。

4. 货币计量

在货币计量的前提下，我国的会计核算应以人民币作为记账本位币，业务收支以外币为主的企业也可选择某种外币作为记账本位币，但对外报送财务报告时，应折算为人民币反映。

【例题5.判断题】我国的会计核算应以人民币作为记账本位币；业务收支以外币为主的企业也可选择某种外币作为记账本位币，对外报送财务报告时也可以使用外币。（　　　）

【答案】×

【解析】我国的会计核算应以人民币作为记账本位币，业务收支以外币为主的企业也可选择某种外币作为记账本位币，但对外报送财务报告时，应折算为人民币反映。

二、会计基础

1. 权责发生制

权责发生制也称为应收应付制，是以收入和费用是否发生而不是以款项是否收到或付出为标准来确认收入和费用的一种记账基础。

我国《企业会计准则》规定，企业应采用权责发生制进行核算。

注意：

（1）凡是当期已经实现的收入和已经发生或应当负担的费用，不论款项是否收付，都应当作为当期的收入和费用；

（2）凡不属于当期的收入和费用，即使款项已在当期收付，也不应当作为当期的收入和费用。

2. 收付实现制

收付实现制，也称为现收现付制，是以款项的实际收付为标准来确认本期收入和费用的一种方法。

我国的政府与非营利组织会计一般采用收付实现制，事业单位除经营业务采用权责发生制外，其他业务也采用收付实现制。

【例题 6.单项选择题】目前我国的行政单位会计采用的会计基础主要是（   ）。

A.权责发生制　　　　B.应收应付制　　　　C.收付实现制　　　　D.统收统支制

【答案】C

【解析】我国的政府与非营利组织会计一般采用收付实现制。

【例题 7.单项选择题】下列关于权责发生制的表述中，不正确的是（   ）。

A.权责发生制是以收入和费用是否归属于本期为标准确认本期收入和费用的一种方法

B.权责发生制要求，凡不属于当期的收入、费用，即使款项已在当期收付，也不作为当期的收入和费用

C.权责发生制要求，凡是当期已实现的收入和已经发生或应当负担的费用，不论款项是否收付，都应作为当期的收入和费用

D.权责发生制要求，凡是本期收到的收入和付出的费用，不论是否属于本期，都应作为本期的收入和费用

【答案】D

【解析】收付实现制要求，凡是本期收到的收入和付出的费用，不论是否属于本期，都应作为本期的收入和费用。

【例题 8.单项选择题】使各有关会计期间损益确定更为合理的会计基础是（   ）。

A.现金制　　　　B.收付实现制　　　　C.分类制　　　　D.权责发生制

【答案】D

【解析】权责发生制要求，凡是当期取得的收入或者应当负担的费用，不论款项是否收付，都应当作为当期的收入或费用，这使各有关会计期间损益确定更为合理。

【例题 9.判断题】按照权责发生制原则的要求，凡是本期实际收到款项的收入和付出款项的费用，不论是否归属于本期，都应当作为本期的收入和费用处理。（   ）

【答案】×

【解析】收付实现制要求，凡是本期实际收到款项的收入和付出款项的费用，不论是否归属于本期，都应当作为本期的收入和费用处理。而权责发生制则要求，凡是本期实现的收入和发生的费用，不论款项是否实际收到或实际付出，都作为本期的收入和费用入账。

【例题10.判断题】某企业1月份发生下列经济业务：本月预收货款2 000元；本月预付全年的租金48 000元；本月销售货物5 000元，实际收到货款2 000元；本月赊购办公用品1 000元。应确认本月收入和费用分别为5 000元、5 000元。（　　　）

【答案】√

【解析】收入为5 000元，费用为5 000元（48 000÷12+1 000）。本月预收货款不确认收入；预付全年的租金，本月应承担1/12的费用；销售货物无论是否全额收到款项，均确认收入；款项尚未支付的购入，受益期间是本期，所以确认费用。

【考点四】会计信息的使用者及质量要求

一、会计信息的使用者

会计信息的使用者主要包括投资者、债权人、企业管理者、政府及其相关部门和社会公众等。

二、会计信息质量要求

1. 可靠性：要求以实际发生的交易或者事项为依据进行会计确认，是对会计工作和会计信息质量最基本的要求。

2. 相关性：要求企业提供的会计信息应当与财务报告使用者的经济决策需要相关。

3. 可理解性：要求企业提供的会计信息应当清晰、明了，便于财务报告使用者理解和使用。

4. 可比性：要求企业的会计核算按照规定的会计处理方法进行，会计指标应当口径一致、相互可比。

（1）横向可比：不同企业发生的相同或者相似的交易或事项，应当采用规定的会计政策，确保会计信息口径一致、相互可比。

（2）纵向可比：同一企业对于不同时期发生的相同或者相似的交易或事项，前后各期应当采用一致的会计政策，不得随意变更。

【例题1.单项选择题】某企业发出材料的计价方法前半年为先进后出法，后半年随意改为加权平均法主要违背了（　　　）。

　　A.谨慎性原则　　　　B.可比性原则　　　　C.相关性原则　　　　D.重要性原则

　　【答案】B

　　【解析】可比性要求同一企业对于不同时期发生的相同或相似的交易或事项，前后各期应当采用一致的会计政策不得随意变更。

　　5. 实质重于形式：要求企业应当按照交易或者事项的经济实质进行会计确认、计量和报告，不应仅以交易或者事项的法律形式为依据。

　　例如，经营租出、融资租入的资产均作为本企业的资产。

　　【例题2.单项选择题】要求企业按照交易或事项的经济实质进行会计核算，而不应当仅仅按照它们的法律形式作为会计核算的依据，这是（　　　）。

　　A.客观性原则的要求　　　　　　　　B.一贯性原则的要求

　　C.相关性原则的要求　　　　　　　　D.实质重于形式原则的要求

　　【答案】D

　　【解析】实质重于形式要求企业应当按照交易或者事项的经济实质进行会计确认、计量和报告，不应仅以交易或者事项的法律形式为依据。

　　6. 重要性：要求企业提供的会计信息应当反映与企业财务状况、经营成果和现金流量有关的所有重要交易或者事项。

　　7. 谨慎性：又称稳健性，要求企业对交易或者事项进行会计确认、计量和报告时应当保持应有的谨慎，不应高估资产或者收益、低估负债或者费用，不得计提秘密准备。

　　例如，对应收账款计提坏账准备，对固定资产采用加速折旧法计提折旧，对可能发生的各项资产损失计提资产减值准备，均属于谨慎性的要求。

　　【例题3.多项选择题】谨慎性要求会计人员在选择会计处理方法时（　　　）。

　　A.不高估资产　　　　　　　　　　B.不低估负债

　　C.预计可能发生的收益　　　　　　D.合理核算可能发生的损失

　　【答案】ABD

　　【解析】谨慎性要求不应高估资产或者收益、低估负债或者费用，不得计提秘密准备，不包括预计可能发生的收益。

　　8. 及时性：要求企业对于已经发生的交易或者事项，应当及时进行确认、计量和报告，不得提前或者延后。

　　【例题4.单项选择题】下列不属于对会计信息质量要求的是（　　　）。

　　A.重要性　　　　　B.谨慎性　　　　　C.可比性　　　　　D.权责发生制

　　【答案】D

【解析】权责发生制是会计记账的基础，不属于会计信息质量要求。

【考点五】会计准则体系

我国已颁布的会计准则有《企业会计准则》、《小企业会计准则》和《事业单位会计准则》。

一、企业会计准则

1.《企业会计准则——基本准则》，是对企业财务会计的一般要求和主要方面做出原则性的规定，为制定具体准则和会计制度提供依据，共分11章50条。

2.《企业会计准则——具体准则》，是在基本准则的指导下，处理会计具体业务标准的规范。目前，我国具体会计准则共计41项。

3. 应用指南，从不同角度对具体准则进行强化，解决实务操作，包括具体准则解释部分、会计科目和财务报表部分。

【例题1.单项选择题】《企业会计准则——基本准则》共分（　　　）。

A.11章50条　　　　B.11章49条　　　　C.10章49条　　　　D.9章49条

【答案】A

【解析】我国《企业会计准则——基本准则》共分11章50条。

二、小企业会计准则

1. 财政部2011年10月18日发布《小企业会计准则》，要求相关小企业自2013年1月1日起执行，2004年发布的《小企业会计制度》同时废止。

2.《小企业会计准则》共分10章90条。

3.《小企业会计准则》的适用范围是：在我国境内依法设立、经济规模较小的企业，具体标准按照《小企业会计准则》和《中小企业划型标准规定》。

【例题2.判断题】我国小企业会计准则自2013年1月1日起执行。（　　　）

【答案】√

【解析】财政部2011年10月18日发布《小企业会计准则》，要求相关小企业自2013年1月1日起执行。

三、事业单位会计准则

1. 2012年12月5日中华人民共和国财政部部务会议修订通过，2012年12月6日中华人民共和国财政部令第72号公布。

2. 事业单位会计准则共分9章49条，自2013年1月1日起在各级各类事业单位施行，1997 年 5 月 28 日财政部印发的《事业单位会计准则（试行）》同时废止。

【例题 3.单项选择题】《事业单位会计准则》共分（　　　）。

A.11 章 50 条　　　　B.11 章 49 条　　　　C.10 章 49 条　　　　D.9 章 49 条

【答案】D

【解析】《事业单位会计准则》共分 9 章 49 条。

【同步练习】

一、单项选择题

1. 正确核算长期待摊费用根据的会计原则是（　　　）。

A. 配比原则　　　　　　　　　　　B. 可比性原则

C. 收付实现制原则　　　　　　　　D. 权责发生制原则

2. 要求企业的会计核算以实际发生的交易或事项为依据，如实地反映企业的财务状况、经营成果和现金流量的会计原则是（　　　）。

A. 相关性原则　　　B. 客观性原则　　　C. 一贯性原则　　　D. 重要性原则

3. 长期待摊费用的处理方法是基于（　　　）会计核算基本前提。

A. 会计主体　　　B. 持续经营　　　C. 会计分期　　　D. 货币计量

4. 下列（　　　）业务的处理符合权责发生制。

A. 本月根据销售合同发出商品一批，售价 10 000 元，但本月没有收到货款，因此不能将其确认为本月收入

B. 本月收到上月销售商品款 50 000 元，确认本月收入 50 000 元

C. 本月发生广告费用 3 000 元但尚未支付，确认本月销售费用 3 000 元

D. 根据销售合同预收客户定金 10 000 元，因此确认本月销售收入 10 000 元

5. 会计的基本职能是（　　　）。

A. 记账、算账和报账　　　　　　　B. 核算和监督

C. 预测、决策和分析　　　　　　　D. 监督和管理

6. 企业应当以（　　　）作为会计核算的记账基础。

A. 收付实现制　　　B. 权责发生制　　　C. 永续盘存制　　　D. 实地盘存制

7. 关于会计核算的基本前提，下列说法中不正确的是（　　　）。

A. 会计基本假设包括会计主体、持续经营、会计分期和货币计量

B. 如果企业发生破产清算，经相关部门批准后，可以继续适用持续经营假设

C. 在我国，以公历年度作为企业的会计年度，即公历 1 月 1 日至 12 月 31 日

D. 会计的货币计量假设，包含了两层含义，一是以货币作为会计的统一计量单位，二是作为会计计量单位的货币，其币值是稳定不变的

8. 由于（　　）的存在，才产生了本期与其他期间的差异，从而出现了权责发生制和收付实现制。

A. 会计主体　　　　B. 持续经营　　　　C. 会计分期　　　　D. 货币计量

9. 某企业 2014 年 3 月发生了如下经济业务：①预付下季度房租 20 000 元；②收到 3 月份销售商品货款 25 000 元，款项已存入银行；③购买 1 000 元的办公用品；④预收购货方定金 12 000 元，货物尚未发送。以权责发生制为计算基础时，3 月份的收支净额为（　　）元。

A. 24 000　　　　B. 16 000　　　　C. 4 000　　　　D. 36 000

10. 企业销售商品时，如果没有将商品所有权上的风险和报酬转移给购货方，即使已经将商品交付给购货方，也不应当确认销售收入，体现了会计信息质量（　　）的基本要求。

A. 谨慎性　　　　B. 实质重于形式　　　C. 相关性　　　　D. 重要性

11. 会计对象是企业单位的（　　）。

A. 资金运动　　　　B. 经济活动　　　　C. 经济资源　　　　D. 劳动成果

12. 将以融资租赁方式租入的固定资产视为企业的资产进行会计核算，体现了（　　）原则的要求。

A. 重要性　　　　B. 实质重于形式　　　C. 谨慎性　　　　D. 客观性

13. 会计是以货币为主要计量单位，反映和监督一个单位经济活动的一种（　　）。

A. 方法　　　　B. 信息工具　　　　C. 经济管理工作　　　D. 手段

14. 会计以货币为主要计量单位，通过确认、计量、记录、报告等环节，对特定主体的经济活动进行记账、算账、报账，为各有关方面提供会计信息的功能称为（　　）。

A. 会计核算职能　B. 会计监督职能　C. 会计预测职能　D. 会计控制职能

15. 我国实行公历制会计年度是基于（　　）的基本会计假设。

A. 会计主体　　　　B. 货币计量　　　　C. 会计分期　　　　D. 持续经营

16. 形成权责发生制和收付实现制不同的记账基础，进而出现应收、应付、预收、预付、折旧、摊销等会计处理方法所依据的会计基本假设是（　　）。

A. 货币计量　　　　B. 会计年度　　　　C. 持续经营　　　　D. 会计分期

17. 下列有关会计主体的表述中，不正确的是（　　）。

A. 会计主体是指会计所核算和监督的特定单位和组织

B. 会计主体就是法律主体

C. 由若干具有法人资格的企业组成的企业集团是会计主体

D. 会计主体界定了从事会计工作和提供会计信息的空间范围

18. 工业企业资金形态变化的过程是（   ）。

A. 货币资金→储备资金→生产资金→产品资金→货币资金

B. 储备资金→货币资金→生产资金→产品资金→储备资金

C. 生产资金→储备资金→产品资金→货币资金→生产资金

D. 产品资金→储备资金→生产资金→货币资金→产品资金

19. 跨期摊销是以（   ）为基础设置的。

A. 谨慎性原则　　　　　　　　　B. 权责发生制原则

C. 客观性原则　　　　　　　　　D. 重要性原则

20. （   ）界定了会计信息的时间范围，是指将一个会计主体持续经营的生产经营活动人为地划分为若干相等的会计期间，以便分期结算账目和编制财务报告。

A. 会计主体　　　B. 持续经营　　　C. 会计分期　　　D. 货币计量

二、多项选择题

1. 会计主体又称为会计实体，它可以是（   ）。

A. 企业　　　　　　　　　　　B. 行政事业单位

C. 集团公司　　　　　　　　　D. 独立核算的分厂

2. 会计的两项基本职能是相辅相成、辩证统一的关系，下列说法中正确的有（   ）。

A. 会计监督是会计核算的基础

B. 会计监督是会计核算质量的保证

C. 没有核算所提供的信息，监督就失去依据

D. 会计还具有预测经济前景、参与经济决策、评价经营业绩等功能

3. （   ）标志着现代会计的开始。

A. 借贷复式记账法的产生　　　B. 我国西周时出现"会计"一词

C. "簿记论"的问世　　　　　　D. 我国西周时出现"司会"管制

4. 下列属于会计核算方法的是（   ）。

A. 设置会计科目和账户　　　　B. 复式记账

C. 会计预测与决策　　　　　　D. 填制和审核会计凭证

5. 下列各项中，属于会计核算基本前提的有（   ）。

A. 会计主体　　　B. 持续经营　　　C. 会计分期　　　D. 货币计量

6. 下列关于会计监督的说法中正确的有（　　）。

A. 只是对特定主体的经济活动的真实性、合法性进行审查

B. 主要通过价值指标来进行

C. 包括事前监督和事中监督，不包括事后监督

D. 会计监督是会计核算质量的保障

7. 我国已颁布的会计准则包括（　　）。

A.《企业会计准则》　　　　　　　B.《小企业会计准则》

C.《事业单位会计准则》　　　　　D.《金融企业会计准则》

8. 下列经济业务或事项中，应进行会计核算的有（　　）。

A. 车间领用原材料　　　　　　　B. 外单位捐赠企业设备一台

C. 与某单位签订合同拟购入一批原材料　D. 本月银行借款应计利息

9. 下列关于货币计量的表述中，正确的有（　　）。

A. 货币计量是指会计主体在会计核算过程中采用货币作为主要计量单位

B. 我国企业的会计核算一般以人民币为记账本位币

C. 在特定情况下，企业也可以选择人民币以外的某一货币作为记账本位币

D. 在境外设立的中国企业向国内报送的财务会计报告，应当折算为人民币

10. 根据权责发生制原则，应计入本期收入和费用的有（　　）。

A. 前期提供劳务未收款，本期收款　　B. 本期销售商品一批，尚未收款

C. 本期耗用的水电费，尚未支付　　　D. 预付下一年的报刊费

11. 下列关于会计核算的基本前提描述正确的有（　　）。

A. 会计核算的四项基本前提，具有相互依存、相互补充的关系

B. 没有会计主体，就不会有持续经营

C. 没有持续经营，就不会有会计分期

D. 没有货币计量，就不会有现代会计

12. 下列事项中，体现实质重于形式会计核算质量要求的有（　　）。

A. 将低值易耗品作为存货核算

B. 售后回购销售方式下不确认收入（不按公允价值达成）

C. 售后租回业务方式下不确认收入（不按公允价值达成）

D. 融资租入固定资产核算

13. 下列对于会计的本质理解正确的有（　　）。

A. 属于管理的范畴　　　　　　　B. 其对象是特定单位的经济活动

C. 其基本职能是核算和监督　　　D. 以货币为主要计量单位

14. 下列关于会计的基本职能中，说法错误的有（　　　）。

A. 会计核算主要是以数量和货币为主要计量单位

B. 会计监督包括事前监督和事中监督

C. 会计核算和会计监督是会计的两大基本职能

D. 会计核算比会计监督更加重要

15. 下列属于会计核算具体方法的是（　　　）。

A. 登记账簿　　　　　B. 成本计算　　　　　C. 财产清查　　　　　D. 编制报表

三、判断题

1. 会计主体是法律主体，而法律主体不一定是会计主体。（　　）

2. 谨慎性原则要求企业不得多计费用和负债，不得少计收益和资产。（　　）

3. 会计主体可以是一个企业，也可以是企业内部的某一个单位。（　　）

4.《企业会计准则》规定，会计的确认、计量和报告应当以权责发生制为基础。（　　）

5. 对于本期预付下期的保险费，应作为本期的费用。（　　）

6. 收付实现制是以收到或支付的现金作为确认收入和费用的依据。（　　）

7. 由于有了持续经营这个会计核算的基本假设，才产生了当期与其他期间的区别，从而出现了权责发生制与收付实现制的区别。（　　）

8. 会计主体是指会计确认、计量、记录和报告的空间范围，即它界定了从事会计工作和提供会计信息的空间范围。（　　）

9. 资金的退出既是资产运动的终点，又是资金运动的起点。（　　）

10. 由于有了会计分期这个会计核算的基本前提，才产生了本期与非本期的区别，从而出现了权责发生制与收付实现制。（　　）

11. 会计报告是确认和计量的开始，即通过报告将确认、计量、记录的结果，即本年度的会计信息进行归纳和整理，以方便编制下一年度的财务预算。（　　）

12. 会计的基本职能是会计核算和会计监督，会计监督是首要职能。（　　）

13. 会计是以货币为主要计量单位，反映和监督一个单位经济活动的一种经济管理工作。（　　）

14. 企业会计的对象就是企业的资金运动。（　　）

15. 持续经营假设是假设企业可以长生不老，即使进入破产清算，也不应该改变会计核算方法。（　　）

第二章 会计要素与会计等式

【本章基本结构】

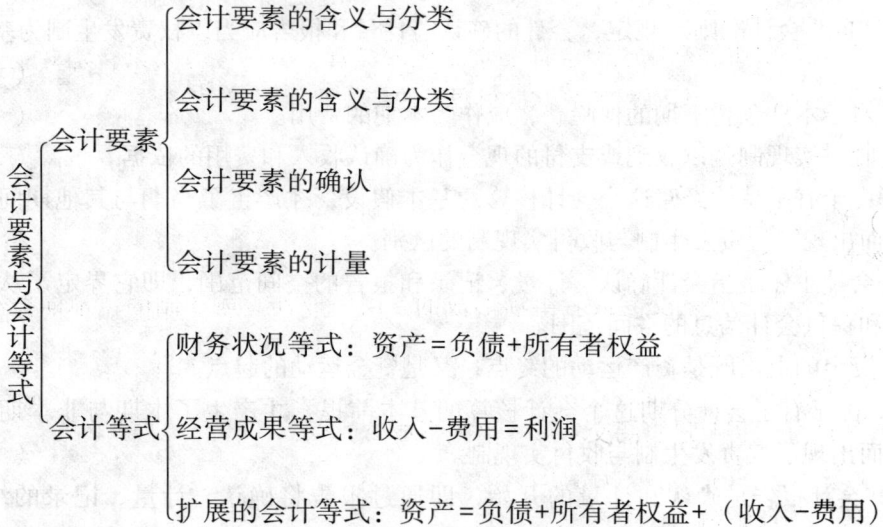

会计要素与会计等式
- 会计要素
  - 会计要素的含义与分类
  - 会计要素的含义与分类
  - 会计要素的确认
  - 会计要素的计量
- 会计等式
  - 财务状况等式：资产＝负债+所有者权益
  - 经营成果等式：收入−费用＝利润
  - 扩展的会计等式：资产＝负债+所有者权益+（收入−费用）

【考点内容精讲】

【考点一】会计要素

一、会计要素的含义与分类

1. 会计要素的含义

会计要素是根据交易或事项的经济特征所确定的会计对象的基本分类，是会计对象的具体化，是从会计角度描述经济活动的基本要素。

2. 会计要素的分类

（1）资产、负债和所有者权益三项会计要素是反映财务状况的会计要素，是对企业资金运动的静态反映，属于静态要素，是资产负债表的构成要素。

（2）收入、费用和利润三项会计要素是反映经营成果的会计要素，是对企业资金运动的动态反映，属于动态要素，是利润表的构成要素。

二、会计要素的确认

（一）资产

1. 资产的定义

资产是指企业过去的交易或者事项形成的、由企业拥有或控制的、预期会给企业带来经济利益的资源。

2. 资产的特征

（1）资产是由企业过去的交易或者事项形成的；

（2）资产是由企业拥有或控制的资源；

（3）资产预期会给企业带来经济利益。

3. 资产的确认条件

（1）与该资源有关的经济利益很可能流入企业；

（2）该资源的成本或者价值能够可靠地计量。

4. 资产的分类

资产按其流动性，可以分为：

（1）流动资产，是指可以在一年或者超过一年的一个营业周期内变现或者耗用的资产。其主要包括：库存现金、银行存款、交易性金融资产、应收及预付账款、存货等。

（2）非流动资产，是指不能在一年或者超过一年的一个营业周期内变现或者耗用的资产。其主要包括：长期股权投资、持有至到期投资、可供出售金融资产、投资性房地产、固定资产、无形资产等。

【例题1.单项选择题】投资人投入的资金和债权人投入的资金，投入企业后，形成企业的（　　）。

A.成本　　　　　B.费用　　　　　C.资产　　　　　D.负债

【答案】C

【解析】投资人投入的资金称为所有者权益，债权人投入的资金称为负债。 资金投入企业后，形成企业的资产。

（二）负债

1. 负债的定义

负债是指企业过去的交易或者事项形成的，预期会导致经济利益流出企业的现时义务。如果把资产理解为企业的权利，那么负债就可以被理解为企业所承担的义务。

2. 负债的特征

（1）负债是由企业过去的交易或者事项形成的；

（2）负债是企业承担的现时义务；

（3）负债预期会导致经济利益流出企业。

3. 负债的确认条件

（1）与该义务有关的经济利益很可能流出企业；

（2）未来流出的经济利益的金额能够可靠地计量。

4. 负债的分类

负债按其流动性，可分为：

（1）流动负债，是指在一年或超过一年的一个营业周期内偿还的债务，包括短期借款、应付票据、应付账款、预收账款、应付职工薪酬、应交税费、应付利息、应付股利、其他应付款等。

（2）非流动负债（长期负债），是指流动负债以外的负债，包括长期借款、应付债券、长期应付款等。

【例题2.多项选择题】下列各项属于非流动负债的是（　　）。

A.应付账款　　　B.应付债券　　　C.长期借款　　　D.长期应付款

【答案】BCD

【解析】非流动负债是偿还期在一年或超过一年的一个营业周期以上的债务，包括长期借款、应付债券、长期应付款等，所以 BCD 正确。

（三）所有者权益

1. 所有者权益的定义

所有者权益是指企业资产扣除负债后，由所有者享有的剩余权益，其金额为资产减去负债后的余额，又称为净资产。

2. 所有者权益的特征

（1）所有者权益不需要偿还；

（2）企业清算时，只有在清偿所有的负债之后所有者权益才返还给所有者；

（3）所有者权益能够参与企业利润的分配。

3. 所有者权益的确认条件

所有者权益的确认依赖于资产和负债要素的确认。

4. 所有者权益的分类

所有者权益的来源包括所有者投入的资本、直接计入所有者权益的利得和损失、留存收益等。

（1）所有者投入的资本，包括实收资本（或股本）和资本公积。

①实收资本（或股本），即所有者投入的，构成注册资本或股本的部分。

②资本公积（含资本溢价或股本溢价、其他资本公积），即投资人投入资本超过注册资本或者股本部分的金额。

（2）直接计入所有者权益的利得和损失，是指不应计入当期损益、会导致所有者权益发生增减变动的、与所有者投入资本或者向所有者分配利润无关的利得或者损失。

（3）留存收益包括盈余公积和未分配利润。

①盈余公积，是企业从税后净利润中提取的公积金。盈余公积按规定可用于弥补企业亏损，也可按法定程序转增资本金。法定盈余公积的提取比率为10%。

②未分配利润，是本年度所实现的净利润经过利润分配后所剩余的利润，留待以后年度分配；如果未分配利润出现负数，即表示年末未弥补的亏损。

【例题3.多项选择题】下列属于所有者权益的是（   ）。

A.长期股权投资　　　　B.实收资本　　　C.资本公积　　　　　D.未分配利润

【答案】BCD

【解析】所有者权益的来源包括所有者投入的资本（实收资本（或股本）、资本公积）、直接计入所有者权益的利得和损失、留存收益（盈余公积、未分配利润），故BCD正确。

（四）收入

1. 收入的定义

收入是指企业在日常活动中形成的、会导致所有者权益增加的、与所有者投入资本无关的经济利益的总流入。

2. 收入的特征

（1）收入是企业在日常活动中形成的；

（2）收入会导致所有者权益的增加；

（3）收入是与所有者投入资本无关的经济利益的总流入。

3. 收入的确认条件

（1）与收入相关的经济利益很可能流入企业；

（2）经济利益流入企业的结果会导致企业资产增加或者负债减少；

（3）经济利益的流入额能够可靠地计量。

4. 收入的分类

（1）收入按经营业务的主次，可分为主营业务收入和其他业务收入；

（2）收入按性质不同，可分为销售商品收入、提供劳务收入、让渡资产使用权收入。

【例题4.单项选择题】根据《企业会计准则第14号——收入》规定，企业的日常经营收入不包括（　　）。

A.销售商品收入　　　　　　　　B.出售固定资产收入

C.转让无形资产使用权收入　　　D.提供运输业务收入

【答案】B

【解析】出售固定资产和无形资产的收入、捐赠收入、罚款收入不属于企业的日常经营收入。

【例题5.多项选择题】收入按性质不同分为（　　）。

A.销售商品收入　　　　　　　　B.提供劳务收入

C.出售固定资产所有权收入　　　D.让渡资产使用权收入

【答案】ABD

【解析】收入按照企业日常活动的性质分为：销售商品收入、提供劳务收入和让渡资产使用权收入，故ABD正确。出售固定资产所有权收入属于利得（营业外收入）。

【例题6.多项选择题】下列表述中正确的有（　　）。

A.所有者权益增加一定表明企业获得了收入

B.收入是指企业所有活动中形成的经济利益的总流入

C.收入这个要素不包括营业外收入

D.收入按照性质不同，分为销售商品收入、提供劳务收入和让渡资产使用权收入

【答案】CD

【解析】所有者权益增加可能是投资者投入，不一定表明企业获得了收入；收入是指企业在销售商品、提供劳务及让渡资产使用权等日常活动中形成的经济利益的总流入。

（五）费用

1. 费用的定义

费用是指企业在日常活动中发生的、会导致所有者权益减少的、与向所有者分配利润无关的经济利益的总流出。

2. 费用的特征

（1）费用是企业在日常活动中发生的；

（2）费用会导致所有者权益减少；

（3）费用是与向所有者分配利润无关的经济利益的总流出。

3. 费用的确认条件

（1）与费用相关的经济利益很可能流出企业；

（2）经济利益流出企业的结果会导致企业资产减少或者负债增加；

（3）经济利益的流出额能够可靠地计量。

4. 费用的分类

（1）生产费用，是指与企业日常生产经营活动有关的费用，按其经济用途可分为直接材料、直接人工和制造费用。

（2）期间费用，是指企业本期发生的、不能直接或间接归入产品生产成本，而应直接计入当期损益的各项费用，包括管理费用、销售费用和财务费用。

【例题7.单项选择题】下列项目不属于费用要素的是（   ）。

A.制造费用　　　　B.管理费用　　　　C.长期待摊费用　　　　D.财务费用

【答案】C

【解析】制造费用、管理费用和财务费用属于费用要素，而长期待摊费用属于资产。

（六）利润

1. 利润的定义

利润是企业在一定会计期间的经营成果。

2. 利润的确认条件

利润的确认主要依赖于收入、费用、利得和损失的确认。

3. 利润的分类

（1）营业利润

营业利润=主营业务收入+其他业务收入+投资收益+公允价值变动收益-主营业务成本-其他业务成本-营业税金及附加-销售费用-管理费用-财务费用-资产减值损失-投资损失-公允价值变动损失

（2）利润总额

利润总额=营业利润+营业外收入-营业外支出

（3）净利润

净利润=利润总额-所得税费用

三、会计要素的计量属性

1. 历史成本

历史成本，又称实际成本，是指取得或制造某项财产物资时实际支付的现金或者现金等价物的金额，是会计计量的基本属性。

2. 重置成本

重置成本，又称现行成本，是指按照当前市场条件，重新取得同样一项资产所需要支付的现金或者现金等价物的金额。在重置成本计量下，资产按照现在购买相同或者相似资产所需支付的现金或者现金等价物的金额计量。

【例题8.单项选择题】资产按照现在购买相同或者相似资产所需支付的现金或者现金等价物的金额计量的会计计量属性是（   ）。

A.历史成本　　　　B.重置成本　　　　C.公允价值　　　　D.现值

【答案】B

【解析】在重置成本计量下，资产按照现在购买相同或者相似资产所需支付的现金或者现金等价物的金额计量，故B正确。

3. 可变现净值

可变现净值，又称预期脱手价格，是指在正常的生产经营过程中，以预计售价减去进一步加工成本和预计销售费用以及相关税费后的净值。

【例题9.单项选择题】资产按照预计售价减去进一步加工成本和预计销售费用以及相关税费后的净值计量，其会计计量属性是（   ）。

A.现值　　　　B.公允价值　　　　C.历史成本　　　　D.可变现净值

【答案】D

【解析】可变现净值是指在正常的生产经营过程中，以预计售价减去进一步加工成本和预计销售费用以及相关税费后的净值。

4. 现值

现值是指对未来现金流量以恰当的折现率进行折现后的价值，是考虑资金时间价值的一种计量属性。

5. 公允价值

公允价值是指市场参与者在计量日发生的有序交易中，出售一项资产所能收到或者转移一项负债所需支付的价格，也就是在公平交易中，熟悉情况的交易双方自愿进行资产交换或清偿债务的金额。

【例题10.多项选择题】会计计量属性分为（　　　）。

A.公允价值　　　　B.重置成本　　　　C.可变现净值　　　　D.成本与市价孰低

【答案】ABC

【解析】会计计量属性包括历史成本、重置成本、可变现净值、现值和公允价值，不包括成本与市价孰低。

【考点二】 会计等式

会计等式，又称会计恒等式、会计方程式或会计平衡公式，是表明各会计要素之间基本关系的等式。会计等式揭示了会计要素之间的内在联系，是正确地设置账簿、复式记账、试算平衡和编制会计报表的依据。

一、财务状况等式：资产＝负债+所有者权益

财务状况等式，亦称基本会计等式和静态会计等式，是第一会计等式，也是最基本的会计等式，是用以反映企业某一特定时点资产、负债和所有者权益三者之间平衡关系的会计等式，是编制资产负债表的基础。

【例题1.单项选择题】企业最基本的会计等式是（　　　）。

A.资产＝负债+所有者权益

B.收入－费用＝利润

C.资产＝负债+（所有者权益+利润）

D.资产＝负债+所有者权益+（收入－费用）

【答案】A

【解析】资产＝负债+所有者权益，是第一会计等式，也是最基本的会计等式、静态会计等式。

二、经营成果等式：收入-费用=利润

收入-费用=利润，是第二会计等式、动态会计等式，表明企业一定会计期间的经营成果与相应的收入和费用之间的关系，说明了企业利润的实现过程，是编制利润表的基础。

三、扩展的会计等式：资产＝负债+所有者权益+（收入−费用）

资产+费用=负债+所有者权益+收入，是第三会计等式。该等式将会计六项要素有机结合起来，动态地反映了企业财务状况和经营成果之间的关系。

资产+费用=负债+所有者权益+收入	
借	贷

在借贷记账法下，用"借"、"贷"二字表示会计要素的增减变动。"借"、"贷"二字只是记账符号，没有经济意义。

用"借"、"贷"表示会计要素增减变动的规律是：

（1）等式左边的会计要素增加记借方，减少记贷方；

（2）等式右边的会计要素增加记贷方，减少记借方；

（3）等式两边的会计要素的变化，一定是同增同减；

（4）等式一边的会计要素的变化，一定是一增一减。

【例题2.单项选择题】企业以银行存款偿还债务，表现为（　　）。

A.一项资产增加，另一项资产减少　　　　B.一项负债增加，另一项负债减少

C.一项资产增加，另一项负债增加　　　　D.一项资产减少，另一项负债减少

【答案】D

【解析】企业以银行存款偿还债务，等式左边资产减少，右边负债减少，故 D 正确。

【例题3.单项选择题】针对"资产＝负债+所有者权益+（收入−费用）"这一等式，下列哪种说法是错误的（　　　）。

A.将会计六项要素有机结合起来

B.完整地反映了企业的资金运动过程

C.揭示了资产负债表要素和利润表要素相互之间的联系和依存关系

D.揭示了收益质量的高低

【答案】D

【解析】资产＝负债＋所有者权益＋（收入－费用），是第三会计等式。该等式将会计六项要素有机结合起来，动态地反映了企业财务状况和经营成果之间的关系，但不能揭示收益质量的高低。

【例题4.单项选择题】某企业2015 年 3 月份资产增加400 万元，负债减少250 万元，若不考虑其他因素，则该企业的所有者权益为增加（　　　）万元。

A.150　　　　　　　　B.650　　　　　　　　C.400　　　　　　　　D.250

【答案】B

【解析】资产增加 400 万元使所有者权益增加 400 万元，负债减少 250 万元使所有者权益增加 250 万元，总计 650 万元，故选项 B 正确。

【同步练习】

一、单项选择题

1. 下列属于企业流动资产的是（   ）。
A. 持有至到期投资 B. 预收账款　　　　C. 应收账款　　　　D. 无形资产

2. 下列不属于流动资产的是（   ）。
A. 预收账款　　　　B. 预付账款　　　　C. 应收账款　　　　D. 其他应收款

3. 下列不属于所有者权益的是（   ）。
A. 实收资本　　　　B. 资本公积　　　　C. 盈余公积　　　　D. 营业利润

4. 根据《企业会计准则第 14 号——收入》规定，企业的日常经营收入不包括（   ）。
A. 销售商品收入　　　　　　　　　B. 出售固定资产收入
C. 让渡无形资产使用权收入　　　　D. 提供运输业务收入

5. 负债是指企业过去的交易或者事项形成的，预期会导致经济利益流出企业的（   ）。
A. 现时义务　　　　B. 潜在义务　　　　C. 过去义务　　　　D. 未来义务

6. 企业在对会计要素进行计量时，一般应当采用（   ）。
A. 历史成本　　　　B. 重置成本　　　　C. 可变现净值　　　　D. 现值

7. 下列哪些不构成企业的收入（   ）。
A. 销售商品一批，价款 80 万元
B. 出租包装物，取得租金收入 1 000 元
C. 取得罚款收入 400 元
D. 销售低值易耗品，取得收入 500 元

8. （   ）不属于费用要素。
A. 销售费用　　　　B. 应交税费　　　　C. 管理费用　　　　D. 财务费用

9. 下列各项中，属于表现企业资金运动显著变动状态的会计要素有（   ）。
A. 收入　　　　B. 所有者权益　　　　C. 资产　　　　D. 负债

10. 营业收入减营业成本、营业税金及附加，减销售费用、管理费用和财务费

用，减资产减值损失，加投资收益后的金额，称为（　　）。

　　A. 主营业务利润　　B. 利润总额　　　C. 营业利润　　　D. 净利润

11. 资产按照预计从其持续使用和最终处置中所产生的未来净现金流入量的折现金额计量，其会计计量属性是（　　）。

　　A. 现值　　　　　　B. 可变现净值　　C. 历史成本　　　D. 公允价值

12.（　　）不属于企业存货。

　　A. 库存商品　　　　　　　　　　　B. 在产品

　　C. 原材料　　　　　　　　　　　　D. 接受外单位委托代销的商品

13.（　　）不属于企业的收入。

　　A. 销售商品一批，收到款项　　　　B. 出租闲置厂房，收到款项

　　C. 年末获得股票分红，收到款项　　D. 出售专利技术，收到款项

14.（　　）不属于流动负债。

　　A. 短期借款　　　　　　　　　　　B. 应付账款

　　C. 预付账款　　　　　　　　　　　D. 一年内到期的非流动负债

15. 期间费用不包括（　　）。

　　A. 管理费用　　　B. 财务费用　　　C. 销售费用　　　D. 制造费用

16. 下列选项中，（　　）是反映留存收益的账户。

　　A. 盈余公积　　　B. 本年利润　　　C. 实收资本　　　D. 资本公积

17. 以银行存款 50 000 元偿还企业前欠货款。这项经济业务所引起的会计要素变动情况属于（　　）。

　　A. 一项资产与一项负债同时增加　　B. 一项资产与一项负债同时减少

　　C. 一项资产增加，另一项资产减少　D. 一项负债增加，另一项负债减少

18. 某企业 6 月初的资产总额为 60 000 元，负债总额为 25 000 元。6 月份取得收入共计 28 000 元，发生费用共计 18 000 元，则 6 月末该企业的所有者权益总额为（　　）。

　　A. 85 000 元　　　B. 35 000 元　　　C. 10 000 元　　　D. 45 000 元

19. 收到客户支付的 3 个月前购买设备的货款 15 万元，这项经济业务所引起的会计要素变动情况属于（　　）。

　　A. 一项资产与一项负债同时增加　　B. 一项资产与一项负债同时减少

　　C. 一项资产增加，另一项资产减少　D. 一项负债增加，另一项负债减少

20. 下列经济活动中，会引起资产和负债同时增加的是（　　）。

　　A. 以银行存款支付购入材料价款　　B. 资本公积转增实收资本

　　C. 发行债券，收到的款项存入银行　D. 收到现金股利

21. 下列项目中，能同时影响资产和负债发生变化的是（　　）。
　　A. 接受投资者投入设备　　　　　　　B. 赊购商品
　　C. 收回应收账款　　　　　　　　　　D. 支付股票股利

22. 下列会计事项中，会引起所有者权益总额发生变化的是（　　）。
　　A. 从净利润中提取盈余公积　　　　　B. 用盈余公积补亏
　　C. 用盈余公积转增资本　　　　　　　D. 向投资者分配现金股利

23. 预收出租固定资产租金这笔业务使企业（　　）。
　　A. 资产增加同时负债增加　　　　　　B. 资产增加同时收入增加
　　C. 所有者权益增加同时费用减少　　　D. 资产增加同时负债减少

24. X 企业资产总额为 6 000 万元，以银行存款 500 万元偿还借款，并以银行存款 500 万元购买固定资产后，该企业资产总额为（　　）万元。
　　A. 6 000　　　　B. 5 000　　　　C. 4 500　　　　D. 5 500

25. 某企业资产总额为 250 万元，当发生下列三笔经济业务后其资产总额为（　　）万元：向银行借款 30 万元存入银行；用银行存款偿还债务 10 万元；收回应收账款 5 万元存入银行。
　　A. 280　　　　　B. 270　　　　　C. 275　　　　　D. 215

二、多项选择题

1. 资产的特征包括（　　）。
　A. 过去的交易或事项形成的
　B. 必须拥有所有权
　C. 预期会导致经济利益流出企业的现时义务
　D. 预期能够给企业带来经济利益

2. 负债的特征有（　　）。
　A. 导致经济利益流出企业　　　　　　B. 企业将来要清偿的义务
　C. 承担的潜在义务　　　　　　　　　D. 由过去的交易或事项引起的

3. 下列各项中，属于流动负债的是（　　）。
　A. 应付债券　　　B. 预付账款　　　C. 预收账款　　　D. 应交税费

4. 所有者权益的来源有（　　）。
　A. 投资人投入的资本　　　　　　　　B. 直接计入所有者权益的利得和损失
　C. 留存收益　　　　　　　　　　　　D. 出售商品所得

5. 下列各项中，属于反映财务状况的会计要素有（　　）。
　A. 资产　　　　　B. 负债　　　　　C. 收入　　　　　D. 费用

6. 下列各项中，应确认为企业资产的有（　　　）。

A. 购入的无形资产　　　　　　　　　B. 已霉烂变质无使用价值的存货

C. 融资租入的固定资产　　　　　　　D. 计划下个月购入的材料

7. 下列各项中，属于企业所有者权益组成部分的有（　　　）。

A. 股本　　　　　　B. 资本公积　　　　　　C. 盈余公积　　　　　　D. 应付股利

8. 下列属于会计计量属性的有（　　　）。

A. 历史成本　　　　B. 可变现净值　　　　　C. 公允价值　　　　　　D. 现值

9. 下列会计要素中，称为动态会计要素的有（　　　）。

A. 资产　　　　　　B. 负债　　　　　　　　C. 收入　　　　　　　　D. 费用

10. 产品成本项目一般包括（　　　）。

A. 直接材料　　　　B. 直接人工　　　　　　C. 管理费用　　　　　　D. 制造费用

11. X 企业由两位投资者投资 20 万元设立，每人出资 10 万元。两年后，为扩大经营规模，该公司准备吸收新的投资者李某，将注册资本增加到 30 万元。按照投资协议，新投资者需出资 15 万元，同时享有该公司 1/3 的股份。接到银行通知，新投资者的投资额已经到账。假定不考虑其他因素，则 X 企业（　　　）。

A. 银行存款借方增加 15 万元

B. 实收资本借方增加 10 万元

C. 实收资本贷方增加 10 万元

D. 资本公积——资本溢价贷方增加 5 万元

12. 甲公司向银行借款 1 000 000 元存入银行，这一业务对会计等式的影响是（　　　）。

A. 资产增加　　　　　　　　　　　　B. 资产减少

C. 负债增加　　　　　　　　　　　　D. 所有者权益不变

13. 下列经济业务中，能引起负债和资产同向变化的是（　　　）。

A. 销售一批产品，现金收讫

B. 以银行存款偿还短期借款 100 000 元

C. 借入短期借款 100 000 元

D. 购入一批原材料，款项尚未支付

14. X 企业召开董事会，决定从盈余公积中拿出 15 万元转增资本金，办理转账手续。则（　　　）。

A. 所有者权益增加 15 万元　　　　　B. 所有者权益总额没有发生变化

C. 实收资本增加 15 万元　　　　　　D. 盈余公积减少 15 万元

15. 无形资产包括（　　　）。

A. 专利权　　　　　B. 商标权　　　　　　　C. 土地使用权　　　　　D. 非专利技术

三、判断题

1. 正在筹划的未来交易事项，也会产生负债。　　　　　　　　　　（　　　）

2. 所有者权益与企业特定的、具体的资产并无直接关系，不与企业任何具体的资产项目发生对应关系。　　　　　　　　　　　　　　　　　　　　（　　　）

3. 企业所有的利得和损失均应计入当期损益。　　　　　　　　　　（　　　）

4. 按现值进行会计计量，是指资产按照预计从其持续使用中所产生的未来净现金流入量的折现金额计量，负债按照预计期限内需要偿还和未来净现金流出量的折现金额计量。　　　　　　　　　　　　　　　　　　　　　　　　　　（　　　）

5. 按公允价值进行会计计量，是指资产和负债按照在公平交易中，熟悉情况的交易双方自愿进行资产交换或者债务清偿的金额计量。　　　　　　　（　　　）

6. 公允价值强调独立于企业主体之外，站在市场的角度以交易双方达成的市场价格作为公允价值，是对资产和负债以当前市场情况为依据进行价值计量的结果。
　　　　　　　　　　　　　　　　　　　　　　　　　　　　　　（　　　）

7. 只有企业拥有某项财产物资的所有权才能将其确认为企业的资产。（　　　）

8. 可变现净值，是指在正常生产经营过程中，以预计售价减去进一步加工成本和销售费用以及相关税费后的净值。　　　　　　　　　　　　　　　（　　　）

9. 现值是指对未来现金流量以恰当的折现率进行折现后的价值，是考虑资金时间价值的一种计量属性。　　　　　　　　　　　　　　　　　　　　（　　　）

10. 在重置成本计量下，资产按照购置时支付的现金或者现金等价物的金额，或者按照购置资产时所支付对价的公允价值计量。　　　　　　　　　　（　　　）

11. 所有者权益和负债都是对企业资产的要求权，因此它们的性质是相同的。
　　　　　　　　　　　　　　　　　　　　　　　　　　　　　　（　　　）

12. 所有者权益是指企业的所有者对企业资产的要求权。　　　　　（　　　）

13. 费用会导致所有者权益减少。　　　　　　　　　　　　　　　（　　　）

14. 融资租入的资产是企业的资产。　　　　　　　　　　　　　　（　　　）

15. 经营管理费用又称为期间费用，包括管理费用、销售费用和财务费用。
　　　　　　　　　　　　　　　　　　　　　　　　　　　　　　（　　　）

第三章 会计科目与账户

【本章基本结构】

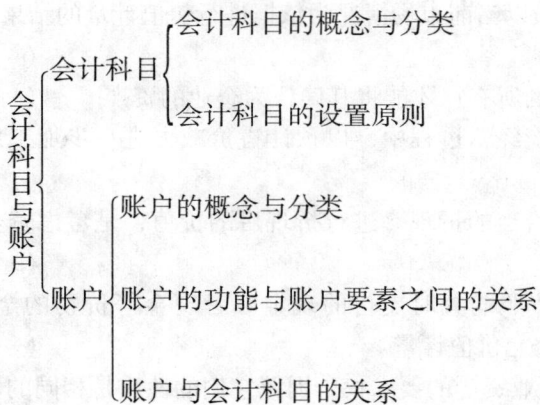

```
          ┌ 会计科目 ┬ 会计科目的概念与分类
          │          │
          │          └ 会计科目的设置原则
会计科目  │
与账户    │          ┌ 账户的概念与分类
          │          │
          └ 账户    ┼ 账户的功能与账户要素之间的关系
                     │
                     └ 账户与会计科目的关系
```

【考点内容精讲】

【考点一】会计科目

一、会计科目的概念与分类

1. 会计科目的概念

会计科目，简称科目，是对会计要素的具体内容进行分类核算的项目。

2. 会计科目的分类

（1）按反映的经济内容分类

①资产类科目

按资产的流动性分为反映流动资产的科目和反映非流动资产的科目。

②负债类科目

按负债的偿还期限分为反映流动负债的科目和反映非流动负债的科目。

③共同类科目

共同类科目是既有资产性质又有负债性质的科目。

④所有者权益类科目

按所有者权益的形成和性质分为反映资本的科目和反映留存收益的科目。

⑤成本类科目

按成本的内容和性质分为反映制造成本的科目和反映劳务成本的科目。

⑥损益类科目

按损益的内容分为反映收入的科目和反映费用的科目。

【例题1.单项选择题】下列不属于资产类科目的是（　　）。

A.商品进销差价　　　　　　　　　　　B.委托代销商品

C.分期收款发出商品　　　　　　　　　D.代销商品款

【答案】D

【解析】代销商品款属于负债类科目。

【例题2.多项选择题】下列项目中，属于成本类科目是（　　）。

A.生产成本　　　　B.管理费用　　　　C.制造费用　　　　D.长期待摊费用

【答案】AC

【解析】B属于损益类科目，D属于资产类科目。

（2）按提供信息的详细程度及其统驭关系分类

①总分类科目

总分类科目又称一级科目，是对会计要素具体内容进行总括分类、提供总括信息的会计科目。总分类科目一般由财政部统一制定。

②明细分类科目

明细分类科目又称二级科目或明细科目，是对总分类科目作进一步分类，提供更详细、更具体会计信息的科目，是反映会计要素的具体内容的科目。除会计准则规定设置的以外，可以根据本单位经济管理的需要和经济业务的具体内容自行设置明细分类科目。

总分类科目对其所属的明细分类科目具有统驭和控制的作用，而明细分类科目是对其所归属的总分类科目的补充和说明。各个会计科目之间相互联系、相互补充，构成一个完整的会计科目体系。

【例题3.多项选择题】关于总分类会计科目与明细分类会计科目表述正确的是（   ）。

A.明细分类会计科目概括地反映会计对象的具体内容

B.总分类会计科目详细地反映会计对象的具体内容

C.总分类会计科目对明细分类科目具有控制作用

D.明细分类会计科目是对总分类会计科目的补充和说明

【答案】CD

【解析】本题的考点是总分类会计科目与明细分类会计科目之间的关系。

二、会计科目的设置原则

1. 合法性原则

合法性原则要求所设置的会计科目应当符合国家统一的会计准则的规定。

2. 相关性原则

相关性原则要求所设置的会计科目应为提供有关各方所需要的会计信息服务，满足对外报告和对内管理的要求。

3. 实用性原则

实用性原则要求所设置的会计科目应符合企业自身特点，满足企业的实际需要。

【例题4.单选题】会计科目的设置应当符合国家统一的会计准则的规定，体现了会计科目设置的（   ）。

A.合法性原则　　　　B.合理性原则　　　　C.相关性原则　　　　D.实用性原则

【答案】A

【解析】合法性原则要求所设置的会计科目应当符合国家统一的会计准则的规定，故A正确。

【考点二】账户

一、账户的概念与分类

1. 账户的概念

账户是根据会计科目设置的，具有一定格式和结构，用于分类反映会计要素增减变动情况及其结果的载体。

2. 账户的分类

（1）根据反映的经济内容分类

账户根据反映的经济内容不同分为资产类账户、负债类账户、所有者权益类账户、成本类账户（生产成本和制造费用）、损益类账户。

说明：制造费用和损益类账户期末无余额。

（2）根据提供信息的详细程度及统驭关系分类

①总分类账户

总分类账户是根据总分类（一级）会计科目设置的，以货币作为计量单位，分类、连续地记录和反映各种资产、负债、所有者权益、成本、损益等总括情况的账户。

②明细分类账户

明细分类账户，是根据总分类账户的核算内容，按实际需要和更详细的分类设置的，对总分类账户起着补充说明的作用。设置依据是明细分类科目和企业经济管理的要求。

【例题5.多选题】下列账户属于负债类账户的是（　　　）。

A.应付账款　　　　　B.预付账款　　　　　C.应付职工薪酬　　　　　D.所得税费用

【答案】AC

【解析】应付账款和应付职工薪酬都是由过去的业务引起的企业需要偿付的债务，而预付账款属于资产，所得税费用属于费用。

二、账户的功能与账户要素之间的关系

1. 账户的功能

账户的功能在于连续、系统、完整地提供企业经济活动中各会计要素增减变动及其结果的具体信息。账户的要素包括本期增加发生额、本期减少发生额、期初余额、期末余额。

2. 账户要素之间的关系

本期期末余额=本期期初余额+本期增加发生额-本期减少发生额

三、账户的内容与结构

1. 账户的内容

（1）账户名称，即会计科目。

（2）日期，即所依据记账凭证中注明的日期。

（3）凭证字号，即所依据记账凭证的编号。

（4）摘要，即经济业务的简要说明。

（5）金额，即增加额，减少额和余额。

2. 账户的结构

左方和右方，一方登记增加数，另一方登记减少数。哪一方登记增加，哪一方登记减少，由所采用的记账方法和所记录的经济业务的内容决定。

四、账户与会计科目的关系

1. 会计科目与账户之间的联系

会计科目与账户都是对会计对象具体内容的项目分类，两者口径一致，反映的经济业务内容相同。会计科目是账户的名称，也是设置账户的依据，会计账户是会计科目的具体运用，具有一定的结构和格式，并通过其结构反映某项经济内容的增减变动及其余额。没有会计科目，账户便失去了设置的依据；没有账户，就无法发挥会计科目的作用。

2. 会计科目与账户之间的区别

账户有自己的结构和格式，可用来连续、系统、全面地记录某种经济业务的增减变化及其结果。会计科目仅仅是账户的名称，不存在结构。

【例题6.单项选择题】会计科目与账户的本质区别在于（　　　　）。

A.反映的经济内容不同　　　　　　　B.记录资产和权益的内容不同

C.记录资产和权益的方法不同　　　　D.会计账户有结构，而会计科目无结构

【答案】D

【解析】会计科目和账户口径一致，反映的经济业务内容相同，所不同之处在于账户有结构和格式，而会计科目没有，所以D选项正确。

【同步练习】

一、单项选择题

1. "管理费用"属于（　　）。

A. 资产类科目　　　B. 成本类科目　　　C. 负债类科目　　　D. 损益类科目

2. （　　）是对会计要素的具体内容进行分类核算的项目。

A. 会计科目　　　B. 会计账户　　　C. 会计分录　　　D. 会计报表

3. 下列不属于资产类科目的是（　　）。

A. 存出保证金　　　B. 累计摊销　　　C. 商誉　　　D. 预收账款

4. 每个单位设置会计科目都应当遵循相关性原则，相关性原则是指（　　）。

A. 所设置的会计科目应当符合国家统一的会计准则的规定

B. 所设置的会计科目应当符合单位自身特点，满足单位实际需要

C. 所设置的会计科目应当满足编制财务会计报表的需要

D. 所设置的会计科目应当为提供有关各方所需要的会计信息服务，满足对外报告和对内管理的要求

5. "营业税金及附加"科目按其所归属的会计要素不同进行明细分类，属于（　　）类科目。

A. 成本　　　B. 资产　　　C. 损益　　　D. 所有者权益

6. 下列不属于会计科目设置原则的是（　　）。

A. 实用性原则　　　B. 相关性原则　　　C. 权责发生制原则　　D. 合法性原则

7. 下列属于损益类科目的是（　　）。

A. 主营业务成本　　　B. 生产成本　　　C. 制造费用　　　D. 长期待摊费用

8. "预付账款"科目按其所归属的会计要素不同进行明细分类，属于（　　）类科目。

A. 资产　　　B. 负债　　　C. 所有者权益　　　D. 成本

9. 总分类账户一般按（　　）进行设置。

A. 企业管理的需要　　　　　　B. 统一会计准则的规定

C. 会计核算的需要　　　　　　D. 经济业务的种类不同

10. 关于会计科目，下列说法中不正确的是（　　）。

A. 会计科目的设置应该符合国家统一会计准则的规定

B. 会计科目是设置账户的依据

C. 企业不可以自行设置会计科目

D. 账户是会计科目的具体运用

11. 所设置的会计科目应符合单位自身特点，满足单位实际需要，这一点符合（　　）原则。

A. 实用性　　　　B. 合法性　　　　C. 谨慎性　　　　D. 相关性

12. 下列不属于企业资产类科目的是（　　）。

A. 预付账款　　　B. 坏账准备　　　C. 累计折旧　　　D. 生产成本

13. 下列属于负债类科目的是（　　）。

A. 预付账款　　　B. 应交税费　　　C. 长期股权投资　　D. 实收资本

14. 下列不属于总账科目的是（　　）。

A. 固定资产　　　B. 应交税费　　　C. 应交增值税　　　D. 预付账款

15. 在下列项目中，与"制造费用"属于同一类科目的是（　　）。

A. 固定资产　　　B. 其他业务成本　　C. 生产成本　　　D. 主营业务成本

二、多项选择题

1. 下列有关会计科目与账户的说法中，正确的有（　　）。

A. 会计科目和账户所反映的会计对象的具体内容是相同的

B. 会计科目是账户的名称，也是设置账户的依据

C. 账户具有一定的结构和格式，而会计科目没有

D. 会计科目和账户的作用是完全相同的

2. 下列说法中正确的有（　　）。

A. 会计科目仅是对会计要素具体内容进行分类核算的项目或标志

B. 账户是会计科目的具体运用

C. 在实际工作中，对账户和会计科目往往不加严格区分，而是相互通用

D. 账户没有固定的结构和格式

3. 账户的基本结构具体包括（　　）。

A. 账户名称和经济业务发生的日期

B. 所依据记账凭证的编号

C. 交易或事项内容摘要

D. 增加金额、减少金额和余额

4. 会计科目按其核算的详细程度不同，可以分为（　　）。

A. 总分类科目　　　　　　　　　B. 子目

C. 资产类科目　　　　　　　　　D. 明细分类科目

5. 下列各项中，不属于损益类账户的有（　　　）。

A. 实收资本　　　　　　　　　　B. 利润分配

C. 制造费用　　　　　　　　　　D. 主营业务收入

6. 以下有关明细分类科目的表述中，正确的有（　　　）。

A. 明细分类科目也称一级会计科目

B. 明细分类科目是对总分类科目作进一步分类的科目

C. 明细分类科目是对会计要素具体内容进行总括分类的科目

D. 明细分类科目是能提供更加详细更加具体会计信息的科目

7. 下列项目中，属于成本类科目的有（　　　）。

A. 生产成本　　　　　　　　　　B. 管理费用

C. 制造费用　　　　　　　　　　D. 长期待摊费用

8. 下列项目中，不属于成本类科目的有（　　　）。

A. 研发支出　　　　　　　　　　B. 营业外支出

C. 制造费用　　　　　　　　　　D. 所得税费用

9. 关于会计科目的设置，下列说法中正确的是（　　　）。

A. 会计科目的设置应当和国家统一的会计准则的要求相一致

B. 会计科目的设置需要满足企业内部管理和外部信息使用者的需要

C. 鉴于不同企业、不同业务特点的不同，对会计科目的设置可能有所区别

D. 会计科目的设置不需要考虑外部信息使用者的需要

10. 下列说法中正确的有（　　　）。

A. 所有总账都要设置明细账

B. 明细分类科目是对会计要素具体内容进行总括分类的内容科目

C. 账户和会计科目性质相同

D. 明细分类科目是对总分类科目作进一步分类的科目

三、判断题

1. 账户与会计科目都是会计对象具体内容的科学分类，两者口径一致，但性质不同。　　　　　　　　　　　　　　　　　　　　　　　　　　　（　　）

2. 按成本的不同内容和性质，成本类科目分为反映制造成本的科目和销售成本的科目。　　　　　　　　　　　　　　　　　　　　　　　　　　（　　）

3. 总分类科目与其所属的明细分类科目的核算内容相同，所不同的是前者提供的信息比后者更加详细。　　　　　　　　　　　　　　　　　　　　（　　）

4. 账户的基本结构分为左、右两个方向，左方登记增加，右方登记减少。

                            （ ）

5. 对于明细科目较多的总账科目，可在总分类科目下设置二级或多级科目。

                            （ ）

6. 设置会计科目的相关性原则是指所设置的会计科目应当符合国家统一的会计准则的规定。   （ ）

7. 不违反国家统一会计准则的前提下明细科目可以根据企业内部管理的需要自行制定。   （ ）

8. 债务结算账户的借方登记债务的增加数，贷方登记债务的减少数，期末余额在借方。   （ ）

9. 会计科目不能记录经济业务的增减变化及结果。   （ ）

10. 账户都是依据会计科目开设的。   （ ）

第四章　会计记账方法

【本章基本结构】

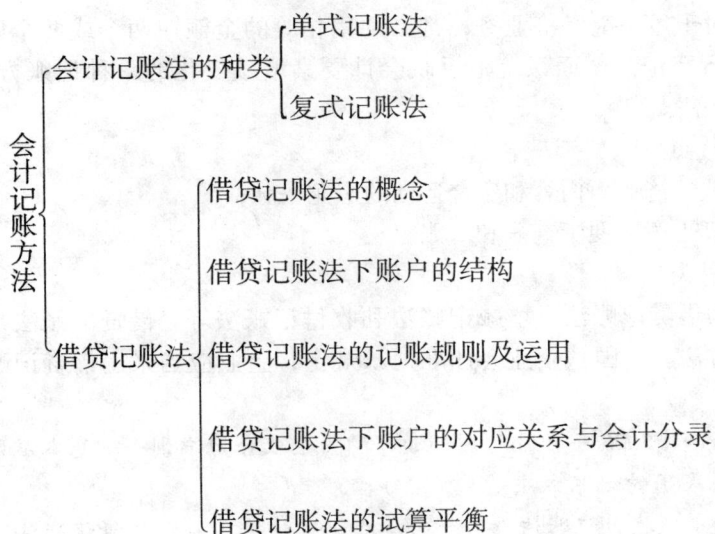

```
                      ┌ 单式记账法
       会计记账法的种类 ┤
                      └ 复式记账法

会计
记账                   ┌ 借贷记账法的概念
方法                   │
                      │ 借贷记账法下账户的结构
                      │
       借贷记账法       ┤ 借贷记账法的记账规则及运用
                      │
                      │ 借贷记账法下账户的对应关系与会计分录
                      │
                      └ 借贷记账法的试算平衡
```

【考点内容精讲】

【考点一】 会计记账法的种类

一、单式记账法

单式记账法是指对发生的每一项经济业务，只在一个账户中加以登记的记账方法。

二、复式记账法

1. 复式记账法的概念

复式记账法是指对于每一笔经济业务，都必须用相等的金额在两个或两个以上相互联系的账户中进行登记，全面系统地反映会计要素增减变化的一种记账方法。现代会计运用复式记账法。

2. 复式记账法的优点

（1）能够全面反映经济业务内容和资金运动的来龙去脉；

（2）能够进行试算平衡，便于查账和对账。

3. 复式记账法的种类

复式记账法可分为借贷记账法、增减记账法和收付记账法等。借贷记账法是目前国际上通用的记账方法。我国《企业会计准则》规定，企业应当采用借贷记账法记账。

【例题1.单项选择题】2006年2月财政部颁布的《企业会计准则——基本准则》中明确规定，企业应当采用的记账方法是（　　）。

A.增减记账法　　　B.收付记账法　　　C.单式记账法　　　D.借贷记账法

【答案】D

【解析】我国《企业会计准则》规定，企业应当采用借贷记账法记账。

【例题2.多项选择题】下列属于复式记账法的是（　　）。

A.借贷记账法　　　B.增减记账法　　　C.收付记账法　　　D.收支记账法

【答案】ABC

【解析】复式记账法可分为借贷记账法、增减记账法和收付记账法等。

【考点二】借贷记账法

一、借贷记账法的概念

借贷记账法是以"借"、"贷"二字作为记账符号，记录会计要素增减变动情况的一种复式记账法。

【例题1.单项选择题】借贷记账法是以（　　）为记账符号的一种复式记账法。

A."借"和"贷"　　B."增"和"减"　　C."收"和"付"　　D.会计科目

【答案】A

【解析】借贷记账法以"借"、"贷"二字作为记账符号，故选项A正确。

二、借贷记账法下账户的结构

1. 借贷记账法下账户的基本结构

借贷记账法下，账户的左方称为借方，右方称为贷方。所有账户一方登记增加额，另一方就登记减少额。对于"借"表示增加，还是"贷"表示增加，则取决于账户的性质与所记录经济内容的性质。

【例题2.判断题】在借贷记账法下，增加记借方。（　　）

【答案】×

【解析】借贷记账法下，对于"借"表示增加，还是"贷"表示增加，取决于账户的性质与所记录经济内容的性质。

2. 资产和成本类账户的结构

在借贷记账法下，资产类、成本类账户的借方登记增加额，贷方登记减少额，期末余额一般在借方，有些账户可能无余额（成本类账户中制造费用期末无余额）。其余额计算公式为：

期末借方余额＝期初借方余额+本期借方发生额-本期贷方发生额

3. 负债和所有者权益类账户的结构

在借贷记账法下，负债类、所有者权益类账户的借方登记减少额；贷方登记增加额；期末余额一般在贷方，有些账户可能无余额（所有者权益类账户中本年利润期末无余额）。其余额计算公式为：

期末贷方余额＝期初贷方余额+本期贷方发生额-本期借方发生额

【例题3.单项选择题】负债类账户的余额反映的情况是（　　）。

A.资产的结存　　　　　　　　　B.负债的结存

C.负债的增减变动　　　　　　　D.负债的形成和偿付

【答案】B

【解析】负债类账户的余额反映负债的结存情况，故选项B正确。

4. 损益类账户的结构

损益类账户主要包括收入类账户和费用类账户。

（1）收入类账户的结构

在借贷记账法下，收入类账户的借方登记减少额，贷方登记增加额。本期收入净额在期末转入"本年利润"账户，用以计算当期损益，结转后无余额。

（2）费用类账户的结构

在借贷记账法下，费用类账户的借方登记增加额，贷方登记减少额。本期费用净额在期末转入"本年利润"账户，用以计算当期损益，结转后无余额。

【例题4.单项选择题】下列账户中，期末一般没有余额的是（　　　）。

A."生产成本"账户　　　　　　　　B."应交税费"账户

C."制造费用"账户　　　　　　　　D."累计折旧"账户

【答案】C

【解析】"制造费用"账户反映应计入生产成本的间接费用，期末时应转入"生产成本"账户，结转后无余额。

三、借贷记账法的记账规则及运用

1. 借贷记账法的记账规则："有借必有贷，借贷必相等"

记账规则要求对每项经济业务都要以相等的金额、相反的方向，登记在两个或两个以上的账户中。

2. 借贷记账法的运用

（1）判断具体经济业务事项的类型；

（2）判断具体经济业务事项所涉及的账户及增减变动情况；

（3）根据账户的结构，判断应借应贷的账户名称及金额。

【例题5.单项选择题】下列各项中，不符合借贷记账法记账规则的是（　　　）。

A.资产资本同时减少　　　　　　　B.两项资产同时增加

C.资产负债同时增加　　　　　　　D.资产负债同时减少

【答案】B

【解析】借贷记账法的记账规则是"有借必有贷，借贷必相等"，两项资产同时增加都记借方，不符合借贷记账法的记账规则，故选项B错误。

【例题6.判断题】借贷记账法是以"借"、"贷"作为记账符号，对每一笔经济业务在两个或两个以上相互联系的账户中以相同的方向、相同的金额全面地进行记

录的一种复式记账法。（　　　）

【答案】×

【解析】记账规则要求对每项经济业务都要以相等的金额、相反的方向，登记在两个或两个以上的账户中。

【例题7.多项选择题】下列各项中，符合借贷记账法记账规则的是（　　　）。

A.资产类账户增加记借方，减少记贷方

B.负债类账户增加记贷方，减少记借方

C.收入类账户增加记借方，减少记贷方

D.费用类账户增加记贷方，减少记借方

【答案】AB

【解析】收入类账户增加记贷方，减少记借方；费用类账户增加记借方，减少记贷方。故 CD 错误，AB 正确。

四、借贷记账法下账户的对应关系与会计分录

1. 账户的对应关系

账户的对应关系是指采用借贷记账法对每笔交易或事项进行记录时，相关账户之间形成的应借、应贷的相互关系，存在对应关系的账户称为对应账户。

【例题8.多项选择题】在借贷记账法下，当借记"银行存款"时，下列会计账户中可能成为其对应账户的有（　　　）。

A.实收资本　　　　　B.库存现金　　　　　C.主营业务成本　　　　　D.本年利润

【答案】AB

【解析】在借贷记账法下，借记"银行存款"时，可能会有实收资本的增加或库存现金的减少，故选项 AB 正确。

2. 会计分录的定义

会计分录，简称分录，是对每项经济业务列示出应借、应贷的账户名称及其金额的一种记录。会计分录由应借应贷方向、相互对应的科目及其金额三个要素构成。

3. 会计分录的分类

按照所涉及账户的多少，会计分录分为简单会计分录和复合会计分录。

（1）简单会计分录，是指只涉及一个账户借方和另一个账户贷方的会计分录，即一借一贷的会计分录。

（2）复合会计分录，是指由两个以上（不含两个）对应账户组成的会计分录，即一借多贷、多借一贷或多借多贷的会计分录。

【例题9.多项选择题】运用借贷记账法编制会计分录时，可以编制（　　　）。

A.一借一贷的分录　　　　B.多借多贷的分录
C.多借一贷的分录　　　　D.一借多贷的分录

【答案】ABCD

【解析】会计分录分为简单会计分录和复合会计分录，简单会计分录一借一贷，复合会计分录一借多贷、一贷多借、多借多贷，故选项ABCD均正确。

4. 会计分录的编制步骤

（1）分析经济业务事项涉及的会计要素是资产（费用）还是权益（收入）；

（2）确定涉及哪些会计科目，是增加还是减少；

（3）确定记入哪个（或哪些）账户的借方、哪个（或哪些）账户的贷方；

（4）确定应借应贷账户是否正确，借贷方金额是否相等。

5. 会计分录的书写格式

（1）先借后贷，即借方在前，贷方在后；

（2）左右错开，即贷方的文字和数字都要比借方后退两格书写；

（3）一借多贷、一贷多借或多借多贷的情况下，借方或贷方的文字要对齐，金额也应对齐。

【例题10.多项选择题】下列关于会计分录的说法中，正确的是（　　）。

A.必须既有借方科目又有贷方科目，且借贷金额合计相等

B.先借后贷，即借方在前，贷方在后

C.既允许一借一贷，也允许一借多贷或多借一贷，但不允许多借多贷

D.必须既有借方科目又有贷方科目，但借贷方科目合计金额不一定相等

【答案】AB

【解析】复合会计分录包括一借多贷、多借一贷或多借多贷，故选项C错误；按照记账规则，借贷方科目合计金额一定相等，故选项D错误。

五、借贷记账法的试算平衡

1. 试算平衡的含义

试算平衡是指根据会计恒等式"资产=负债+所有者权益"以及借贷记账法的记账规则，通过汇总、检查和验算确定所有账户记录是否正确的过程。

2. 试算平衡的分类

试算平衡包括发生额试算平衡法和余额试算平衡法两种方法。

（1）发生额试算平衡法

依据借贷记账法的记账规则：

全部账户本期借方发生额合计=全部账户本期贷方发生额合计

（2）余额试算平衡法

依据"资产=负债+所有者权益"的恒等关系：

全部账户的借方期初余额合计=全部账户的贷方期初余额合计

全部账户的借方期末余额合计=全部账户的贷方期末余额合计

【例题11.多项选择题】下列属于借贷记账法试算平衡内容的是（　　）。

A.全部资产借方余额之和=全部资产贷方余额之和

B.所有账户借方本期发生额合计=所有账户贷方本期发生额合计

C.所有账户借方期末余额合计=所有账户贷方期末余额合计

D.所有账户借方期初余额合计=所有账户贷方期初余额合计

【答案】BCD

【解析】试算平衡法包括发生额试算平衡法和余额试算平衡法两种方法，选项B是发生额试算平衡法，选项CD是余额试算平衡法，故BCD正确。

3. 试算平衡的编制

（1）一般而言，如果所有账户在一定期间内借、贷方发生额合计不平衡，借、贷方余额合计不平衡，则可以肯定本期内记账和结账有错误。

（2）如果两者都平衡，则说明记账和结账可能正确（但不能就此断定记账肯定没有错误）。

（3）局限性：

不能发现全部记账过程中的错误和遗漏，因为有些错误并不影响借、贷方的平衡关系。下列错误不能通过试算平衡查找：

①漏记某一项会计事项；

②重记某一项会计事项；

③记错账户；

④借贷方向同时记反；

⑤一个错误与另一个错误正好抵销，两个错误都难以通过试算平衡检查出来。

【例题12.单项选择题】下列错误中，能通过试算平衡查找出来的有（　　）。

A.某项经济业务重复记账

B.某项经济业务未记账

C.应借应贷账户中借贷方向颠倒

D.应借应贷账户中借贷金额不相等

【答案】D

【解析】试算平衡只能检查出账户中借贷金额不相等，不能发现记账时重记或漏记整笔经济业务、对相互对应账户都以大于或小于正确金额的数字进行记账、对应账户的同方向串户等错误，故选项D正确。

【同步练习】

一、单项选择题

1. 下列账户中，年末结转后一定没有余额的账户是（　　）。

A. 银行存款　　　　B. 长期借款　　　　C. 本年利润　　　　D. 资本公积

2. 下列各项中，不符合借贷记账法记账规则的是（　　）。

A. 资产资本同时减少　　　　　　　　B. 两项资产同时增加

C. 资产负债同时增加　　　　　　　　D. 资产负债同时减少

3. "应付账款"账户的期初余额为贷方 1 500 元，本期贷方发生额 3 000 元，借方发生额 2 500 元，则该账户的期末余额为（　　）元。

A. 借方 1 000　　　B. 贷方 1 000　　　C. 借方 2 000　　　D. 贷方 2 000

4. 期末结转后一般无余额的账户是（　　）。

A. 资产类账户　　　B. 成本类账户　　　C. 损益类账户　　　D. 负债类账户

5. 按照借贷记账法下的账户结构，下列项目中，（　　）类账户与负债类账户结构相同。

A. 资产　　　　　　B. 成本　　　　　　C. 费用　　　　　　D. 所有者权益

6. 损益类账户期末结转入（　　）账户。

A. 生产成本　　　　B. 主营业务成本　　C. 本年利润　　　　D. 主营业务收入

7. 下列记账错误中，不能通过试算平衡检查发现的是（　　）。

A. 将某一分录的借方发生额 600 元，误写成 6 000 元

B. 某一分录的借贷方向写反

C. 借方的金额误记到贷方

D. 漏记了借方的发生额

8. 下列错误中，能通过试算平衡查找的有（　　）。

A. 某项经济业务重复记账

B. 某项经济业务未入账

C. 应借、应贷账户中借贷金额不相等

D. 借方科目由"其他业务收入"错记为"营业外收入"

9. 应在账户借方核算的是（　　）。

A. 负债类账户的增加额　　　　　　　B. 所有者权益类账户的增加额

C. 收入类账户的增加额　　　　　　　D. 成本类账户的增加额

10. M 企业 2 月末编制的试算平衡表中，全部账户的本月借方发生额合计为 600 000 元，除"应付账款"账户以外其他账户的本月贷方发生额合计为 541 000 元，则"应付账款"账户（　　）。

A. 月末借方余额为 59 000 元　　　　B. 月末贷方余额为 59 000 元
C. 本月借方发生额为 59 000 元　　　D. 本月贷方发生额为 59 000 元

二、多项选择题

1. 运用借贷记账法的记账规则登记经济业务时，下列说法中正确的有（　　）。
A. 应根据经济业务的内容确定所涉及的会计要素
B. 确定所涉及的会计要素是增加还是减少
C. 确定经济业务所涉及的会计科目
D. 确定应将其记入有关账户的借方或贷方及其金额
2. 借贷记账法下，可以在账户借方登记的有（　　）。
A. 资产的增加　　　B. 负债的减少　　　C. 收入的减少　　　D. 费用的减少
3. 下列属于试算平衡公式的是（　　）。
A. 期末借方余额合计＝期末贷方余额合计
B. 本期借方发生额合计＝本期贷方发生额合计
C. 资产类账户借方发生额合计＝资产类账户贷方发生额合计
D. 资产类账户贷方发生额合计＝负债类账户贷方发生额合计
4. 会计分录的内容包括（　　）。
A. 经济业务内容摘要　　　　　　　　B. 相互对应的科目
C. 经济业务发生金额　　　　　　　　D. 应借应贷方向
5. 平行登记法下总账与其所属明细账之间在数量上存在的勾稽关系是（　　）。
A. 总账账户的期初余额＝所属明细账户期初余额合计
B. 总账账户的本期借方发生额＝所属明细账户本期借方发生额合计
C. 总账账户的本期贷方发生额＝所属明细账户本期贷方发生额合计
D. 总账账户的期末余额＝所属明细账户期末余额合计
6. 与单式记账法相比，复式记账法的优点是（　　）。
A. 有一套完整的账户体系
B. 可以清楚地反映经济业务的来龙去脉
C. 可以对记录的结果进行试算平衡，以检查账户记录是否正确
D. 记账手续简单
7. 下列错误中，不会影响借贷双方平衡关系的是（　　）。

A. 漏记某项经济业务　　　　　　　　B. 重记某项经济业务

C. 记错方向，把借方计入贷方　　　　D. 借贷错误巧合，正好抵销

8. 记账方法按记账方式的不同，可以分为（　　　）。

A. 借贷记账法　　B. 单式记账法　　C. 复式记账法　　D. 增减记账法

9. 对于负债类账户，下列说法中正确的是（　　　）。

A. 借方登记增加数，贷方登记减少数　B. 借方登记减少数，贷方登记增加数

C. 期末余额一般为借方余额　　　　　D. 期末余额一般为贷方余额

10. 关于借贷记账法，下列说法中正确的是（　　　）。

A. 有借必有贷　　B. 借贷必相等　　C. 只可一借一贷　　D. 可一借多贷

三、判断题

1. 如果试算平衡表借贷平衡，则可以肯定记账无错误。（　　　）

2. 一笔会计分录主要包括三个要素，即会计科目、记账符号和金额。（　　　）

3. 以现金发放职工工资，会引起企业的现金减少和支付给职工的工资债务增加。

（　　　）

4. 复式记账法要以资产与权益的平衡关系作为记账基础，对于每笔交易或事项，都要在两个或两个以上的账户中进行登记。（　　　）

5. 记账时，将借贷方向记错，不会影响借贷双方的平衡关系。（　　　）

6. 借贷记账法是目前比较成熟、完善和科学的复式记账法。（　　　）

7. 在实际工作中，科目汇总表中所有科目本期借方发生额合计数可能不等于所有科目本期贷方发生额合计数。（　　　）

8. 余额试算平衡是根据会计恒等式的平衡关系检验账户记录的正确性。（　　　）

9. 记账符号是复式记账法中的必要组成部分，确立了记账符号之后才能定义账户结构。（　　　）

10. 如果记账时出现重记、漏记整笔业务或者对应账户的同方向串户等失误，都可以通过试算平衡法检查出来。（　　　）

四、分析题

1. 甲公司 2014 年 5 月 1 日 "库存现金" 账户与 "应付账款" 账户余额见表 4-1。

表 4-1　　"库存现金" 账户与 "应付账款" 账户余额　　　　单位：元

账户名称	期初借方余额	账户名称	期初贷方余额
库存现金	8 000	应付账款	1 000

甲公司 5 月份发生下列经济业务：

（1）从银行提取现金 300 000 元。

（2）用现金发放职工工资 300 000 元。

（3）用现金 500 元购买办公用品。

（4）购买材料应付款 5 000 元。

要求计算：

（1）"库存现金"账户本月借方发生额合计为（　　）元。

（2）"库存现金"账户本月贷方发生额合计为（　　）元。

（3）"库存现金"账户本月月末余额为（　　）元。

（4）"应付账款"账户本月贷方发生额合计为（　　）元。

（5）"应付账款"账户本月月末余额为（　　）元。

2. 乙公司 2014 年 5 月 1 日"银行存款"账户与"应付账款"账户余额见表 4-2。

表 4-2 "银行存款"账户与"应付账款"账户余额　　　　单位：元

账户名称	期初借方余额	账户名称	期初贷方余额
银行存款	68 000	应付账款	29 000

乙公司 5 月份发生下列经济业务：

（1）将现金 30 000 元存入银行。

（2）用银行存款偿还应付账款 23 000 元。

（3）用银行存款支付 40 000 元购买设备，尚欠 1 000 元。

（4）销售原材料款存入银行 5 000 元。

要求计算：

（1）"银行存款"账户本月借方发生额合计为（　　）元。

（2）"银行存款"账户本月贷方发生额合计为（　　）元。

（3）"银行存款"账户本月月末余额为（　　）元。

（4）"应付账款"账户本月借方发生额合计为（　　）元。

（5）"应付账款"账户本月月末余额为（　　）元。

3. 丙公司 2014 年 5 月 1 日"库存现金"账户与"应付账款"账户余额见表 4-3。

表 4-3 "库存现金"账户与"应付账款"账户余额　　　　单位：元

账户名称	期初借方余额	账户名称	期初贷方余额
库存现金	9 000	应付账款	46 000

丙公司5月份发生下列经济业务：

（1）从银行提取现金300 000元。

（2）用现金发工资300 000元。

（3）用现金500元购买办公用品。

（4）购买材料应付款5 000元。

要求计算：

（1）"库存现金"账户本月借方发生额合计为（　　　）元。

（2）"库存现金"账户本月贷方发生额合计为（　　　）元。

（3）"库存现金"账户本月月末余额为（　　　）元。

（4）"应付账款"账户本月贷方发生额合计为（　　　）元。

（5）"应付账款"账户本月月末余额为（　　　）元。

4. 丁公司2014年5月1日"银行存款"账户与"短期借款"账户余额见表4-4。

表4-4　"银行存款"账户与"短期借款"账户余额　　　　　　单位：元

账户名称	期初借方余额	账户名称	期初贷方余额
银行存款	870 000	短期借款	463 000

丁公司5月份发生下列经济业务：

（1）用银行存款偿还短期借款300 000元。

（2）用银行存款支付工资100 000元。

（3）用银行存款支付5 000元购买原材料。

（4）取得租金收入存入银行50 000元。

要求计算：

（1）"银行存款"账户本月借方发生额合计为（　　　）元。

（2）"银行存款"账户本月贷方发生额合计为（　　　）元。

（3）"银行存款"账户本月月末余额为（　　　）元。

（4）"短期借款"账户本月借方发生额合计为（　　　）元。

（5）"短期借款"账户本月月末余额为（　　　）元。

5. 戊公司2014年5月1日"银行存款"账户与"短期借款"账户余额见表4-5。

表4-5　"银行存款"账户与"短期借款"账户余额　　　　　　单位：元

账户名称	期初借方余额	账户名称	期初贷方余额
银行存款	861 000	短期借款	449 000

戊公司 5 月份发生下列经济业务：

（1）用银行存款偿还短期借款 300 000 元。

（2）用银行存款支付工资 100 000 元。

（3）用银行存款支付 5 000 元购买原材料。

（4）取得租金收入存入银行 50 000 元。

要求计算：

（1）"银行存款"账户本月借方发生额合计为（　　）元。

（2）"银行存款"账户本月贷方发生额合计为（　　）元。

（3）"银行存款"账户本月月末余额为（　　）元。

（4）"短期借款"账户本月借方发生额合计为（　　）元。

（5）"短期借款"账户本月月末余额为（　　）元。

6. 己公司 2014 年 5 月 1 日期"银行存款"账户与"短期借款"账户余额见表 4-6。

表 4-6　　"银行存款"账户与"短期借款"账户余额　　　　单位：元

账户名称	期初借方余额	账户名称	期初贷方余额
银行存款	865 000	短期借款	417 000

己公司 5 月份发生下列经济业务：

（1）用银行存款偿还短期借款 300 000 元。

（2）用银行存款支付工资 100 000 元。

（3）用银行存款支付 5 000 元购买原材料。

（4）取得租金收入存入银行 50 000 元。

要求计算：

（1）"银行存款"账户本月借方发生额合计为（　　）元。

（2）"银行存款"账户本月贷方发生额合计为（　　）元。

（3）"银行存款"账户本月月末余额为（　　）元。

（4）"短期借款"账户本月借方发生额合计为（　　）元。

（5）"短期借款"账户本月月末余额为（　　）元。

7. 庚公司 201×年 12 月 31 日总分类账户本期发生额和余额对照表（试算平衡表）见表 4-7。

表 4-7　　　　　总分类账户本期发生额和余额对照表（试算平衡表）

201×年 12 月 31 日　　　　　　　　单位：元

账户名称	期初余额		本期发生额		期末余额	
	借方	贷方	借方	贷方	借方	贷方
库存现金	7 200		1 200	3 600	4 800	—
银行存款	96 000		（1）	75 600	（2）	
库存商品	60 000		26 400	38 400	48 000	
应收账款	（3）		（4）	100 800	96 000	
无形资产	118 200		28 800	27 000	120 000	
实收资本		180 000	—	36 000		216 000
资本公积		48 000	24 000	12 000		36 000
短期借款		60 000	42 000	—		18 000
应付债券		96 000	10 200	79 800		165 600
合计		（5）	373 200	373 200	435 600	435 600

要求：根据试算平衡的原理计算试算平衡表中项目（1）～（5）的金额。

8. 辛公司 201×年 12 月 31 日试算平衡表见表 4-8。

表 4-8　　　　　　　　　　　试算平衡表

201×年 12 月 31 日　　　　　　　　单位：元

账户名称	期初余额		本期发生额		期末余额	
	借方	贷方	借方	贷方	借方	贷方
库存现金	（1）		60 000	20 000	70 000	
库存商品	70 000		30 000		100 000	
固定资产	100 000		（3）		（4）	
应付账款				60 000		60 000
实收资本		（2）		50 000		250 000
合计	200 000		130 000	130 000	（5）	310 000

要求：根据试算平衡原理计算表中项目（1）～（5）的金额。

第五章 企业主要经济业务的账务处理

【本章基本结构】

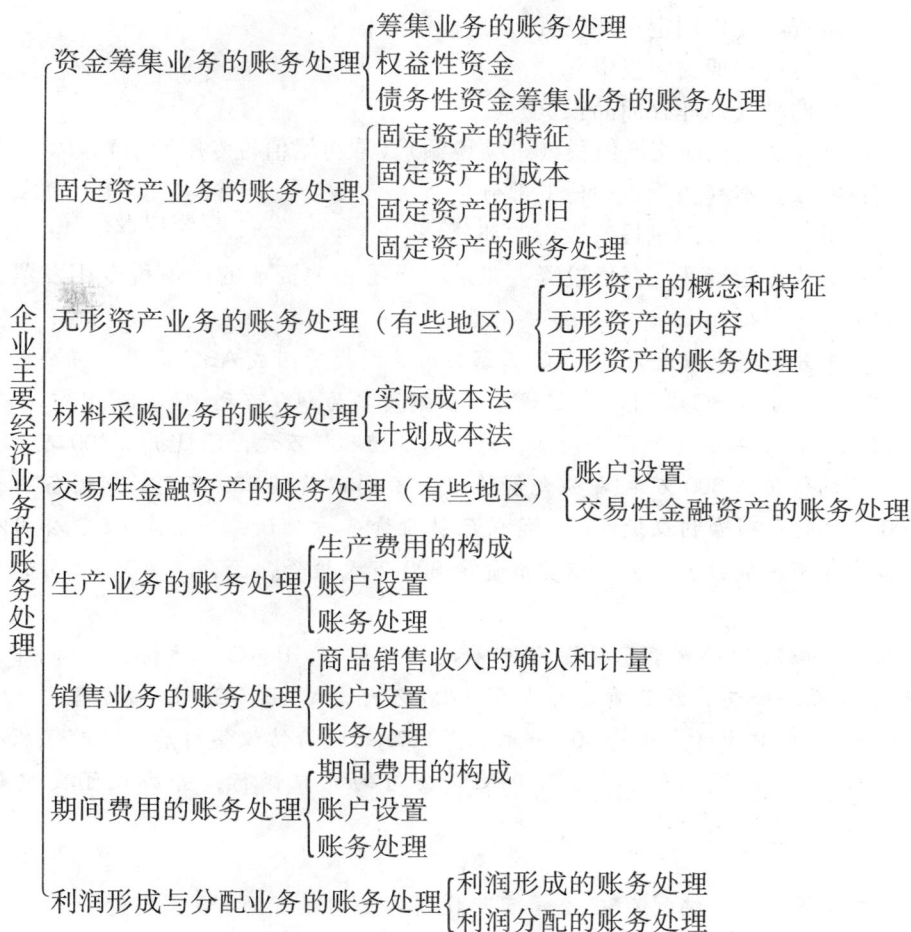

企业主要经济业务的账务处理

- 资金筹集业务的账务处理
  - 筹集业务的账务处理
  - 权益性资金
  - 债务性资金筹集业务的账务处理

- 固定资产业务的账务处理
  - 固定资产的特征
  - 固定资产的成本
  - 固定资产的折旧
  - 固定资产的账务处理

- 无形资产业务的账务处理（有些地区）
  - 无形资产的概念和特征
  - 无形资产的内容
  - 无形资产的账务处理

- 材料采购业务的账务处理
  - 实际成本法
  - 计划成本法

- 交易性金融资产的账务处理（有些地区）
  - 账户设置
  - 交易性金融资产的账务处理

- 生产业务的账务处理
  - 生产费用的构成
  - 账户设置
  - 账务处理

- 销售业务的账务处理
  - 商品销售收入的确认和计量
  - 账户设置
  - 账务处理

- 期间费用的账务处理
  - 期间费用的构成
  - 账户设置
  - 账务处理

- 利润形成与分配业务的账务处理
  - 利润形成的账务处理
  - 利润分配的账务处理

【考点内容精讲】

【考点一】 资金筹集业务的账务处理

企业资金的筹集包括权益性资金筹集和债务性资金筹集两个方面。

一、权益性资金筹集业务的账务处理

借：银行存款（以银行存款投资）
  无形资产（以无形资产投资）
  固定资产（以固定资产投资）
  原材料（以原材料投资）
  库存商品（以库存商品投资）
  应交税费——应交增值税（进项税额）（取得增值税专用发票）
 贷：实收资本（占投资股份的部分）
   资本公积（超过投资股份的部分）

注意：吸收固定资产、存货投资，如果取得了相关资产的增值税专用发票，其进项税额可以进行抵扣。

【例题1.分析题】假定A、B、C三家公司共同投资组成ABC有限责任公司（简称ABC公司），按ABC公司的章程规定，注册资本为900万元，A、B、C三方各占1/3的股份。假定A公司以厂房投资，该厂房原值500万元，已提折旧300万元，投资各方确认的价值为300万元(即公允价值)；B公司以价值200万元的新设备一套和价值100万元的一项专利权投资，其价值已被投资各方确认，并已向ABC公司移交了专利证书等有关凭证；C公司以货币资金300万元投资，已存入ABC公司的开户银行。

资料二：假定D公司有意投资ABC公司，经与A、B、C三方协商，将ABC公司变更为ABCD公司，注册资本增加到1200万元，A、B、C、D四方各占1/4股权。D公司需以货币资金出资400万元取得25%的股份协议签订后，修改了原公司章程，D公司出资400万元已存入ABCD公司的开户银行，并办理了变更登记手续。

要求：

（1）根据资料一，编制ABC公司实际收到A公司投资的有关会计分录；

（2）根据资料一，编制ABC公司实际收到B公司投资的有关会计分录；

（3）根据资料一，编制 ABC 公司实际收到 C 公司投资的有关会计分录；

（4）根据资料二，编制实际收到 D 公司投资的有关会计分录；

（5）根据资料一、二，计算 ABCD 公司实收资本的金额。

【解析】

（1）收到 A 公司投资时：

借：固定资产　　　　　　　　　　　　　　　　　　　　　3 000 000

　　贷：实收资本　　　　　　　　　　　　　　　　　　　　　　3 000 000

（2）收到 B 公司投资时：

借：固定资产　　　　　　　　　　　　　　　　　　　　　2 000 000

　　无形资产　　　　　　　　　　　　　　　　　　　　　1 000 000

　　贷：实收资本　　　　　　　　　　　　　　　　　　　　　　3 000 000

（3）收到 C 公司投资时：

借：银行存款　　　　　　　　　　　　　　　　　　　　　3 000 000

　　贷：实收资本　　　　　　　　　　　　　　　　　　　　　　3 000 000

（4）收到 D 公司投资时：

借：银行存款　　　　　　　　　　　　　　　　　　　　　4 000 000

　　贷：实收资本　　　　　　　　　　　　　　　　　　　　　　3 000 000

　　　　资本公积　　　　　　　　　　　　　　　　　　　　　　1 000 000

（5）ABCD 公司实收资本为 12 000 000 元。

【例题 2.单项选择题】M 企业系增值税一般纳税人，2014 年 5 月 1 日接受投资方投入原材料一批，作价 130 000 元，与原材料的公允价值相符，增值税专用发票上注明增值税为 22 100 元。在 M 企业的下述会计处理中，不正确的是（　　）。

A.原材料入账金额为 130 000 元

B."应交税费——应交增值税（进项税额）"借方发生额为 22 100 元

C.实收资本增加 152 100 元

D.资本公积增加 152 100 元

【答案】D

【解析】接受投资方投入原材料应贷记"实收资本"账户，故选项 D 的说法错误。

二、债务性资金筹集业务的账务处理

1. 取得借款

借：银行存款

贷：短期借款（借款期限在1年以内）

　　长期借款——本金（借款期限在1年以上）

2. 计算借款利息

借：财务费用（借款利息、手续费）

　　在建工程（为工程项目借入的长期借款利息，符合资本化条件的）

　　贷：应付利息

3. 偿还借款

借：财务费用（当期的利息）

　　应付利息（计提的利息）

　　短期借款

　　长期借款——本金

　　贷：银行存款

【例题3.分析题】20×1年1月1日，某公司借入一笔短期借款，共计480 000元，期限6个月，年利率4%，该借款的本金到期后一次归还，利息分月预提，按季支付。

要求：

（1）编制该公司取得短期借款时的会计分录；

（2）编制甲公司1月末计提利息时的会计分录；

（3）编制甲公司2月末计提利息时的会计分录；

（4）编制甲公司3月末支付第一季度银行借款利息时的会计分录；

（5）编制甲公司7月1日到期归还本金时的会计分录。

【解析】

（1）取得短期借款时：

借：银行存款　　　　　　　　　　　　　　　　　　480 000

　　贷：短期借款　　　　　　　　　　　　　　　　　　　480 000

（2）1月末计提利息时：

借：财务费用　　　　　　　　　　　　　　　　　　1 600

　　贷：应付利息　　　　　　　　　　　　　　　　　　　1 600

（3）2月末计提利息时：

借：财务费用　　　　　　　　　　　　　　　　　　1 600

　　贷：应付利息　　　　　　　　　　　　　　　　　　　1 600

（4）3月末支付第一季度银行借款利息时：

借：财务费用　　　　　　　　　　　　　　　　　　1 600

　　应付利息　　　　　　　　　　　　　　　　　　3 200

　　贷：银行存款　　　　　　　　　　　　　　　　　　　　　　　4 800

　　（5）7月1日到期归还本金时：

　　借：短期借款　　　　　　　　　　　　　　　　　　　　480 000

　　　　贷：银行存款　　　　　　　　　　　　　　　　　　　　　480 000

　　【例题4.分析题】假设甲企业于2011年11月30日从银行借入资金3 000 000元，借款期限为3年，年利率为8%（到期一次还本付息，不计复利）。所借款项已存入银行。甲企业2011年12月31日及2012年1月至2014年10月每月末计提长期借款利息。2014年11月30日，甲企业偿还了该笔银行借款本息。

　　要求：对上述业务进行会计处理。

　　【解析】

　　（1）取得借款时：

　　借：银行存款　　　　　　　　　　　　　　　　　　　3 000 000

　　　　贷：长期借款——本金　　　　　　　　　　　　　　　3 000 000

　　（2）甲企业于2011年12月31日计提长期借款利息时：

　　2011年12月31日计提的长期借款利息=3 000 000×8%÷12=20 000（元）

　　借：财务费用　　　　　　　　　　　　　　　　　　　　20 000

　　　　贷：应付利息　　　　　　　　　　　　　　　　　　　　20 000

　　（3）2012年1月至2014年10月每月计提长期借款利息的会计分录同上。

　　（4）2014年11月30日，甲企业归还该笔长期借款本息时：

　　已计提的利息=20 000×35=700 000（元）

　　借：长期借款——本金　　　　　　　　　　　　　　　3 000 000

　　　　应付利息　　　　　　　　　　　　　　　　　　　　700 000

　　　　财务费用　　　　　　　　　　　　　　　　　　　　20 000

　　　　贷：银行存款　　　　　　　　　　　　　　　　　　　3 720 000

【考点二】 固定资产业务的账务处理

一、固定资产的特征

　　固定资产是指为生产商品、提供劳务、出租或者经营管理而持有、使用寿命超过一个会计年度的有形资产。固定资产同时具有以下特征：

　　1. 属于一种有形资产；

　　2. 为生产商品、提供劳务、出租或者经营管理而持有；

　　3. 使用寿命超过一个会计年度。

二、固定资产的成本

1. 外购固定资产，其入账价值包括购买价款和价外费用，价外费用包括运输费、装卸费、安装费和专业人员服务费等。

2. 自行建造的固定资产，按建造该项资产达到预定可使用状态前发生的全部支出，作为入账价值。

3. 投资者投入的固定资产，按投资各方确认的价值，作为入账价值。

【例题1.单项选择题】A公司购入设备一台，增值税专用发票注明价款300 000元，增值税51 000元，运费5 000元，该设备原始价值为（   ）元。

A.351 000   B.305 000   C.356 000   D.300 000

【答案】D

【解析】原始价值为购买的发票上注明的价款。

三、固定资产的折旧

1. 固定资产计提折旧的范围

企业应当按月对所有的固定资产计提折旧。当月增加的固定资产，当月不计提折旧，从下月起计提折旧；当月减少的固定资产，当月仍计提折旧，从下月起不计提折旧。但下列固定资产不计提折旧：

（1）已提足折旧仍继续使用的固定资产；

（2）按规定单独作价作为固定资产入账的土地；

（3）改扩建期间的固定资产；

（4）持有待售的固定资产；

（5）提前报废的固定资产。

【例题2.多项选择题】下列不计提折旧的固定资产包括（   ）。

A.已提足折旧仍继续使用的固定资产   B.改扩建期间的固定资产

C.持有待售的固定资产   D.提前报废的固定资产

【答案】ABCD

【解析】本题考点为固定资产的折旧范围。

2. 固定资产计提折旧的方法

（1）年限平均法（又称直线法）

年折旧额＝（固定资产原值−预计净残值）÷预计使用寿命（年）

＝固定资产原值×（1−预计净残值率）÷预计使用寿命（年）

年折旧率＝（1−预计净残值率）÷预计使用寿命（年）

（2）工作量法

单位工作量折旧额＝固定资产原值×（1−预计净残值率）÷预计总工作量

月折旧额＝固定资产当月工作量×单位工作量折旧额

四、固定资产的账务处理

1. 购入

借：固定资产（不需要安装的设备）

　　在建工程（需要安装的设备）

　　应交税费——应交增值税（进项税额）（取得增值税专用发票）

　　贷：银行存款（款项已支付）

　　　　应付票据（开出商业汇票）

　　　　应付账款（款项尚未支付）

　　　　预付账款（款项事先支付）

2. 设备安装完毕

借：固定资产

　　贷：在建工程

3. 支付款项

借：应付票据（开出商业汇票）

　　应付账款（款项未支付）

　　预付账款（补付事先支付的款项）

　　贷：银行存款

4. 按月计提折旧

借：制造费用（生产使用）

　　销售费用（销售部门使用）

　　管理费用（管理部门使用）

　　其他业务成本（出租使用）

　　贷：累计折旧

5. 固定资产处置

处置固定资产应通过"固定资产清理"科目核算。

（1）企业出售、报废、毁损的固定资产

借：固定资产清理（固定资产账面净额）

　　累计折旧（已计提的折旧）

　　固定资产减值准备（已计提的减值准备）

　　贷：固定资产（固定资产的账面原值）

（2）支付的相关税费以及其他费用

借：固定资产清理

　　贷：银行存款

　　　　应交税费——应交营业税

（3）收到出售固定资产的价款、变价收入

借：银行存款（变价收入）

　　原材料（残料收入）

　　其他应收款（责任人或保险公司赔偿的部分）

　　贷：固定资产清理

（4）清理的净损益

出售固定资产实现的利得，记入"营业外收入"科目；出售固定资产发生的损失，记入"营业外支出"科目。

【例题3.分析题】2013 年 12 月 20 日，甲公司购入一台不需要安装即可投入使用的机器设备，取得的增值税专用发票上注明的设备价款为 50 000 元，增值税税额为 8 500 元，上述款项以银行存款支付。

该生产设备采用年限平均法计提折旧，预计可使用 10 年，预计报废时的净残值为固定资产原价的 2%。

2014 年 12 月 25 日，甲公司因产品转型将上述设备出售给乙公司，开具的增值税专用发票上注明的价款为 30 000 元，增值税为 5 100 元，已通过银行收回价款。甲公司为增值税一般纳税人，假定不考虑除增值税以外的其他税费，不考虑减值因素。

要求：

（1）编制甲公司购入设备的会计分录；

（2）编制甲公司计提 2014 年度折旧的会计分录；

（3）编制甲公司出售设备转入清理时的会计分录；

（4）编制甲公司出售设备收回价款时的会计分录；

（5）编制甲公司结转设备处置净损益的会计分录。

【解析】

（1）购入设备时：

借：固定资产	50 000
应交税费——应交增值税（进项税额）	8 500
贷：银行存款	58 500

（2）2014 年计提折旧时：

借：制造费用 4 900

　贷：累计折旧 4 900

（3）出售设备转入清理时：

借：固定资产清理 45 100

　　累计折旧 4 900

　贷：固定资产 50 000

（4）出售设备收回价款时：

借：银行存款 35 100

　贷：固定资产清理 30 000

　　　应交税费——应交增值税（销项税额） 5 100

（5）结转设备处置净损益：

借：营业外支出 15 100

　贷：固定资产清理 15 100

【考点三】 无形资产业务的账务处理

一、无形资产的概念和特征

无形资产是指企业拥有或者控制的没有实物形态的可辨认非货币性资产，其特征体现在以下三个方面：

1. 无形资产不具有实物形态；

2. 无形资产具有可辨认性；

3. 无形资产属于非货币性长期资产。

二、无形资产的内容

无形资产包括专利权、非专利技术、商标权、著作权、特许权、土地使用权。

三、无形资产账务处理

1. 无形资产的取得

企业取得无形资产的主要方式有外购、自行研究开发等。外购无形资产的成本包括购买价款、相关税费以及直接归属于使该项资产达到预定用途所发生的其他支出。会计处理如下：

借：无形资产
　贷：银行存款
2. 无形资产的摊销
（1）无形资产摊销方法
无形资产应自可供使用当月起开始摊销，处置当月不再摊销。摊销方法包括直线法、生产总量法等。
（2）使用寿命的确定
无形资产的摊销年限采用孰低原则确定，即同时存在税法规定年限、尚可使用年限时，选低者作为摊销年限。
（3）会计处理
借：制造费用（用于特定产品生产）
　　管理费用（自用的无形资产）
　　其他业务成本（出租的无形资产）
　贷：累计摊销
3. 无形资产的处置
（1）处置无形资产
借：银行存款（实际收到的款项）
　　累计摊销（已摊销的金额）
　贷：无形资产（无形资产账面原值）
　　　营业外收入（差额）
（2）计算营业税
借：营业外支出
　贷：应交税费——应交营业税（实际收到款项×5%）
【例题1.分析题】某公司2011年1月1日购入一项专利权，以银行存款支付买价和有关费用共计10万元，该项专利权法定有效期为15年，合同划定有效期为10年，2014年1月1日该公司将该项专利出售，取得收入15万元存入银行，该项收入适用的营业税税率为5%（不考虑其他税费）。
要求：编制相关会计分录并计算转让该项无形资产取得的净收益。
【解析】
（1）购入无形资产时：
借：无形资产　　　　　　　　　　　　　　　　　　　　　　100 000
　贷：银行存款　　　　　　　　　　　　　　　　　　　　　　100 000
（2）计算累计摊销时：

借：管理费用　　　　　　　　　　　　　　　　　　　　　10 000
　　贷：累计摊销　　　　　　　　　　　　　　　　　　　　10 000
（3）处置无形资产时：
借：银行存款　　　　　　　　　　　　　　　　　　　　　150 000
　　累计摊销　　　　　　　　　　　　　　　　　　　　　　30 000
　　贷：无形资产　　　　　　　　　　　　　　　　　　　　100 000
　　　　营业外收入　　　　　　　　　　　　　　　　　　　　80 000
（4）计算营业税时：
借：营业外支出　　　　　　　　　　　　　　　　　　　　　7 500
　　贷：应交税费——应交营业税　　　　　　　　　　　　　7 500
（5）净收益=80 000-7 500=72 500（元）

【考点四】 材料采购业务的账务处理

一、实际成本法

材料的采购成本是指企业物资从采购到入库前所发生的全部支出，包括购买价款、相关税费、运输费、装卸费、保险费以及其他可归属于采购成本的费用。在实务中，企业也可以将发生的运输费、装卸费、保险费以及其他可归属于采购成本的费用等先行归集，期末按照所购材料的存销情况进行分摊。
1. 采购
借：原材料（已经验收入库）
　　在途物资（尚未验收入库）
　　应交税费——应交增值税（进项税额）（取得增值税专用发票）
　　贷：银行存款（款项已支付）
　　　　应付票据（开出商业汇票）
　　　　应付账款（款项未支付）
　　　　预付账款（款项事先支付）
2. 结转采购成本
借：原材料
　　贷：在途物资
3. 支付款项
借：应付账款
　　应付票据

贷：银行存款

【例题1.单项选择题】恒发实业公司从外地采购材料一批，价款30万元，增值税5.1万元，均以银行存款支付，材料尚未入库。该公司应编制的会计分录为（　　　）。

A.借记"原材料"30万元、"应交税费——应交增值税（进项税额）"5.1万元，贷记"银行存款"35.1万元

B.借记"原材料"35.1万元，贷记"银行存款"35.1万元

C.借记"在途物资"35.1万元，贷记"银行存款"35.1万元

D.借记"在途物资"30万元、"应交税费——应交增值税（进项税额）"5.1万元，贷记"银行存款"35.1万元

【答案】D

【解析】材料尚未入库应按照采购的价款（不含增值税）记入"在途物资"科目，故选项D正确。

【例题2.分析题】甲股份有限公司为制造企业，增值税一般纳税人，201×年发生下列交易与事项：

（1）8月1日，接受乙公司投入的银行存款1 903 000元，甲股份有限公司本次增资的注册资本额为1 803 000元。

（2）8月2日，从丙公司购入Q材料13 700件，单价11元/件，增值税专用发票列示Q材料货款金额为150 700元，增值税25 619元，款项未付，材料尚未验收入库，公司原材料核算采用实际成本法。

（3）7月3日，以库存现金支付Q材料装卸费500元。

（4）7月25日，Q材料运达并验收入库。

（5）7月29日，用转账支票偿还业务（2）所欠丙公司款项。

要求：

（1）编制业务（1）所述交易或事项的会计分录；

（2）编制业务（2）所述交易或事项的会计分录；

（3）编制业务（3）所述交易或事项的会计分录；

（4）编制业务（4）所述交易或事项的会计分录；

（5）编制业务（5）所述交易或事项的会计分录。

【解析】

（1）接受乙公司投入资本时：

借：银行存款　　　　　　　　　　　　　　　　　　　　　1 903 000

　　贷：股本——乙公司　　　　　　　　　　　　　　　　　1 803 000

      资本公积——股本溢价   100 000

（2）从丙公司购入材料时：

借：在途物资   150 700

    应交税费——应交增值税（进项税额）   25 619

   贷：应付账款——丙公司   176 319

（3）以现金支付 Q 材料装卸费时：

借：在途物资   500

   贷：库存现金   500

（4）Q 材料验收入库存时：

借：原材料   151 200

   贷：在途物资   151 200

（5）支付材料款时：

借：应付账款——丙公司   176 319

   贷：银行存款   176 319

【例题3.分析题】甲公司为制造企业，增值税一般纳税人，原材料核算采用实际成本法。201×年7月份发生下列交易与事项：

（1）7月2日，从乙公司购入 N 材料、M 材料。其中，N 材料17 000千克，单价10元/千克，M 材料83 000千克，单价10元/千克，增值税专用发票列示货款金额为1 000 000元，增值税为170 000元，款项尚未支付。

（2）7月8日，用银行存款支付 M、N 材料共同的采购费用16 400元，并以 N、M 材料的采购数量为标准将其分配计入 M、N 材料成本。

（3）7月10日，M、N 材料验收入库。

（4）9月25日，销售 M 材料1 000千克并收到银行存款，增值税专用发票列示销售货款金额为17 200元，增值税销项税额为2 924元。

（5）月末，结转销售 M 材料的成本，M 材料的单位成本为10.32元/件。

（6）月末，从银行借入3年期基建借款2 208 000元。

要求：根据上述资料计算 N 材料、M 材料的实际成本；编制业务（4）、（5）、（6）所述交易或事项的会计分录。

【解析】

（1）N 材料的采购成本=17 000×10＋16 400÷（17 000＋83 000）×17 000

          =172 788（元）

（2）M 材料的采购成本=83 000×10＋16 400÷（17 000＋83 000）×83 000

          =843 612（元）

（3）编制业务（4）所述交易或事项的会计分录如下：

借：银行存款   20 124

 贷：其他业务收入   17 200

   应交税费——应交增值税（销项税额）   2 924

（4）编制业务（5）所述交易或事项的会计分录如下：

M 材料成本 =10.32×1 000 = 10 320（元）

借：其他业务成本   10 320

 贷：原材料   10 320

（5）编制业务（6）所述交易或事项的会计分录如下：

借：银行存款   2 208 000

 贷：长期借款   2 208 000

二、计划成本法

1. 账户设置

计划成本法下，企业通常设置以下账户对材料采购业务进行会计核算：

（1）"原材料"账户，反映企业库存材料计划成本的增减变化。

（2）"材料采购"账户，用以核算企业采用计划成本进行材料日常核算而购入材料的采购成本（实际成本）。

（3）"材料成本差异"账户，用以核算企业采用计划成本进行日常核算的材料计划成本与实际成本的差额。借方登记入库材料形成的超支差异以及转出的发出材料应负担的节约差异，贷方登记入库材料形成的节约差异以及转出的发出材料应负担的超支差异。期末余额在借方，反映企业库存材料等的超支差异；期末余额在贷方，反映企业库存材料等的节约差异。

2. 账务处理

（1）采购

借：材料采购（实际成本）

  应交税费——应交增值税（进项税额）（取得增值税专用发票）

 贷：银行存款（款项已支付）

   应付票据（开出商业汇票）

   应付账款（款项未支付）

   预付账款（款项预先支付）

（2）结转采购成本

借：原材料（计划成本）

　　　　　材料成本差异（超支差异）

　　贷：材料采购（实际成本）

　　　　材料成本差异（节约差异）

（3）支付款项

借：应付账款

　　　应付票据

　　贷：银行存款

【例题4.分析题】某公司为增值税一般纳税人，存货按计划成本核算，甲材料单位计划成本为 10 元/千克，从 A 公司购入甲材料 8 000 千克，价款 85 400 元，增值税 14 518 元。材料验收入库后，以银行存款付讫。

要求：对上述业务编制会计分录。

【解析】

（1）采购时：

借：材料采购——甲材料　　　　　　　　　　　　　　　　　　　85 400

　　　应交税费——应交增值税（进项税额）　　　　　　　　　　14 518

　　贷：应付账款　　　　　　　　　　　　　　　　　　　　　　　　99 918

（2）入库时：

借：原材料——甲材料　　　　　　　　　　　　　　　　　　　　80 000

　　　材料成本差异　　　　　　　　　　　　　　　　　　　　　　5 400

　　贷：材料采购——甲材料　　　　　　　　　　　　　　　　　　85 400

（3）支付货款时：

借：应付账款　　　　　　　　　　　　　　　　　　　　　　　　99 918

　　贷：银行存款　　　　　　　　　　　　　　　　　　　　　　　99 918

【考点五】交易性金融资产的账务处理

一、账户设置

1. "交易性金融资产"账户

（1）借方登记交易性金融资产取得成本、资产负债表日其公允价值高于账面余额的差额；贷方登记资产负债表日其公允价值低于账面余额的差额、企业出售交易性金融资产时结转的成本。

（2）按交易性金融资产的类别和品种，分别设置"成本"、"公允价值变动"等明细科目。

2. "公允价值变动损益"账户

该账户核算企业交易性金融资产等公允价值变动而形成的应计入当期损益的利得或损失。

3. "投资收益"账户

该账户核算企业持有交易性金融资产等期间取得的投资收益以及处置交易性金融资产等实现的投资收益或投资损失。

二、交易性金融资产的账务处理

1. 将款项划入证券公司

借：其他货币资金——存出投资款

　　贷：银行存款

2. 取得交易性金融资产

借：交易性金融资产——成本（取得时的公允价值）

　　　应收股利（已宣告但尚未发放的现金股利）

　　　应收利息（已到付息期但尚未领取的债券利息）

　　　投资收益（相关交易费用）

　　贷：银行存款（以银行存款直接购买）

　　　　其他货币资金——存出投资款（从证券公司购买）

3. 交易性金融资产价格的变化

借：交易性金融资产——公允价值变动（涨价）

　　贷：公允价值变动损益

借：公允价值变动损益

　　贷：交易性金融资产——公允价值变动（跌价）

4. 出售交易性金融资产

借：银行存款（款项存入银行）

　　　其他货币资金——存出投资款（款项在证券公司）

　　　投资收益（售价小于账面余额）

　　贷：交易性金融资产（交易性金融资产的账面余额，即成本±公允价值变动）

　　　　投资收益（售价大于账面余额）

同时，结转公允价值变动损益：

借：公允价值变动损益（股票涨价）

　　贷：投资收益

借：投资收益

　　贷：公允价值变动损益（股票跌价）

　　【例题1.分析题】20×4年，甲公司发生下列业务：

　　（1）2月1日，甲公司从银行向A证券公司划出资金30 000 000元，用于证券投资；

　　（2）3月12日，甲委托A证券公司从上海证券交易所购入B公司股票200 000股，每股市价8元，另支付相关交易费用3 500元，划分为交易性金融资产；

　　（3）4月16日，甲公司出售所持有的B公司全部股票，每股市价11元，另支付相关交易费用5 200元。

　　要求：

　　（1）编制甲公司将款项划入证券公司的分录；

　　（2）编制甲公司购入B公司股票的分录；

　　（3）编制甲公司购入股票时支付交易费用的分录；

　　（4）编制甲公司出售B公司股票的分录；

　　（5）计算20×4年甲公司因上述交易或事项确认的投资收益的金额。

　　【解析】

　　（1）将款项划入证券公司时：

借：其他货币资金——存出投资款　　　　　　　　　　　　30 000 000
　　贷：银行存款　　　　　　　　　　　　　　　　　　　　　　30 000 000

　　（2）购入B公司股票时：

借：交易性金融资产　　　　　　　　　　　　　　　　　　　1 600 000
　　贷：其他货币资金——存出投资款　　　　　　　　　　　　　1 600 000

　　（3）支付交易费用时：

借：投资收益　　　　　　　　　　　　　　　　　　　　　　　　3 500
　　贷：其他货币资金——存出投资款　　　　　　　　　　　　　　　3 500

　　（4）出售B公司股票时：

借：其他货币资金——存出投资款（200 000×11−5 200）　　2 194 800
　　贷：交易性金融资产　　　　　　　　　　　　　　　　　　　1 600 000
　　　　投资收益　　　　　　　　　　　　　　　　　　　　　　　594 800

　　（5）投资收益＝594 800−3 500＝591 300（元）

　　【例题2.分析题】20×4年9月至12月，甲上市公司发生的交易性金融资产业务如下：

　　（1）9月2日，以银行存款购入A上市公司股票10万股，每股市价8元，另发生相关的交易费用2万元，并将该股票划分为交易性金融资产。

（2）9月30日，该股票在证券交易所的收盘价格为每股7.7元。

（3）10月31日，该股票在证券交易所的收盘价格为每股8.1元。

（4）11月30日，该股票在证券交易所的收盘价格为每股8.2元。

（5）12月15日，将所持有的该股票全部出售，所得价款为82.5万元，已存入银行。

要求：根据上述资料（1）～（5）编制会计分录（假定不考虑相关税费）。

【解析】

（1）购入A公司股票时：

借：交易性金融资产——成本   800 000

    投资收益   20 000

    贷：银行存款   820 000

（2）股票收盘价为7.7元时：

借：公允价值变动损益（（8-7.7）×100 000）   30 000

    贷：交易性金融资产——公允价值变动   30 000

（3）股票收盘收价为8.1元时：

借：交易性金融资产——公允价值变动（（8.1-7.7）×100 000）   40 000

    贷：公允价值变动损益   40 000

（4）股票收盘价为8.2元时：

借：交易性金融资产——公允价值变动（（8.2-8.1）×100 000）   10 000

    贷：公允价值变动损益   10 000

（5）出售股票时：

借：银行存款   825 000

    贷：交易性金融资产——成本   800 000

            ——公允价值变动   20 000

    投资收益   5 000

借：公允价值变动损益   20 000

    贷：投资收益   20 000

【考点六】生产业务的账务处理

一、生产费用的构成

1. 直接材料

直接材料是指构成产品实体的原材料以及有助于产品形成的主要材料和辅助材料，包括构成产品实体的原料及主要材料、外购半成品、包装物、有助于产品形成的辅助材料以及其他直接材料。

2. 直接人工

直接人工是指直接从事产品生产的工人的职工薪酬，是企业在生产产品和提供劳务过程中直接从事产品生产的工人的工资以及按生产工人工资总额和规定比例计算提取的职工福利费。

3. 制造费用

制造费用是指企业为生产产品和提供劳务而发生的各项间接费用，包括车间管理人员的工资和福利费、折旧费、修理费、办公费、水电费、机物料消耗、劳动保护费、季节性和修理期间的停工损失等。

二、账户设置

1. "生产成本"账户

"生产成本"账户属于成本类账户，用以核算企业生产各种产品（产成品、自制半成品等）、自制材料、自制工具、自制设备等发生的各项生产成本。

2. "制造费用"账户

"制造费用"账户属于成本类账户，用以核算企业生产车间（部门）为生产产品和提供劳务而发生的各项间接费用，包括车间一般消耗的原材料、包装物、低值易耗品以及生产设备的折旧、水电费、修理费、采暖费、车间的厂房或仓库的租金等。

3. "库存商品"账户

"库存商品"账户用以核算企业库存的各种商品的实际成本（或进价）或计划成本（或售价），包括库存产成品、外购商品、存放在门市部准备出售的商品、发出展览的商品以及寄存在外的商品等。

4. "应付职工薪酬"账户

（1）"应付职工薪酬"账户用以核算企业根据有关规定应付给职工的各种薪酬。

（2）"应付职工薪酬"账户借方登记本月实际支付的职工薪酬数额；贷方登记本月计算的应付职工薪酬总额，包括各种工资、奖金、津贴和福利费等。期末余额在贷方，反映企业应付未付的职工薪酬。

（3）生产过程中职工薪酬的内容包括：

①职工工资、奖金、津贴和补贴；

②职工福利费；

③医疗保险费、养老保险费、失业保险费、工伤保险费和生育保险费等社会保险费；

④住房公积金；

⑤工会经费和职工教育经费；

⑥非货币性福利；

⑦因解除与职工的劳动关系给予的补偿；

⑧其他与获得职工提供的服务相关的支出。

三、账务处理

1. 进行生产

借：生产成本（能够找到直接产品对象的材料和人工）

　　制造费用（不能找到直接产品对象的一般消耗和车间管理人员的工资）

　　管理费用（企业管理部门发生的费用）

　　在建工程（正在建设的工程项目）

　　贷：原材料（直接消耗和间接消耗）

　　　　应交税费——应交增值税（进项税额转出）（在建工程或福利部门领用原材料）

　　　　应付职工薪酬（企业计提的各项人工消耗）

　　　　累计折旧（固定资产的消耗）

　　　　库存现金（以现金支付相关费用）

　　　　银行存款（以银行存款支付相关费用）

2. 结转制造费用

借：生产成本

　　贷：制造费用

3. 结转生产成本（完工产品入库）

借：库存商品

　　贷：生产成本

【例题1.单项选择题】某企业计提2015年3月份车间管理人员工资，应记入（　　）账户。

A.生产成本　　　　　B.财务费用　　　　　C.管理费用　　　　　D.制造费用

【答案】D

【解析】企业发生的车间管理人员工资属于生产过程中的间接费用，记入"制造费用"账户，故选项D正确。

【例题2.单项选择题】直接进行产品生产的工人工资，应记入（　　）科目。

A.管理费用　　　　　B.制造费用　　　　　C.生产成本　　　　　D.销售费用

【答案】C

【解析】直接进行产品生产的工人工资是生产的直接人工消耗，记入"生产成本"科目，故选项C正确。

【例题3.单项选择题】某企业1月份共发放职工工资300 000元，并为职工支付医疗保险费等社会保险费共计80 000元，支付住房公积金50 000元，另外，还向职工发放公司自产产品作为福利，共计10 000元。由上，该企业月末应付职工薪酬科目的减少额应为（　　）元。

A.300 000　　　　　B.430 000　　　　　C.440 000　　　　　D.420 000

【答案】C

【解析】应付职工薪酬科目的减少额＝工资+社会保险费+住房公积金+福利

＝300 000+80 000+50 000+10 000＝440 000（元）。

【例题4.分析题】甲公司的生产车间生产甲、乙两种产品。20×4年9月份，车间发生的相关业务如下：

（1）车间为生产甲产品向仓库领用A材料1 000千克，计15 000元，B材料500千克，计5 000元；为生产乙产品向仓库领用A材料200千克，计3 000元。

（2）计提厂房及设备等本月折旧费用750元。

（3）分配工资，其中行政管理人员6 000元，车间管理人员3 500元，生产甲产品工人工资12 000元，生产乙产品工人工资8 000元。

（4）计算单位负担的社会保险费，行政管理人员1 500元，车间管理人员875元，生产甲产品工人工资3 000元，生产乙产品工人工资2 000元。

（5）将制造费用结转至成本。

要求：对上述业务进行会计处理。

【解析】

（1）生产领用材料时：

借：生产成本——甲　　　　　　　　　　　　　　　　　　　　　20 000

　　　　　　——乙　　　　　　　　　　　　　　　　　　　　　 3 000

　　贷：原材料——A　　　　　　　　　　　　　　　　　　　　　18 000

　　　　　　　——B　　　　　　　　　　　　　　　　　　　　　 5 000

（2）计提本月厂房及设备折旧时：

借：制造费用　　　　　　　　　　　　　　　　　　　　　　　　　750

　　贷：累计折旧　　　　　　　　　　　　　　　　　　　　　　　 750

（3）分配人员工资时：

借：生产成本——甲	12 000
——乙	8 000
制造费用	3 500
管理费用	6 000
贷：应付职工薪酬——工资	29 500

（4）计算单位负担的社保时：

借：生产成本——甲	3 000
——乙	2 000
制造费用	875
管理费用	1 500
贷：应付职工薪酬——社保	7 375

（5）结转制造费用时：

借：生产成本	5 125
贷：制造费用	5 125

【考点七】销售业务的账务处理

一、商品销售收入的确认与计量

企业销售商品收入的确认，必须同时符合以下条件：

1. 企业已将商品所有权上的主要风险和报酬转移给购货方。

2. 企业既没有保留通常与商品所有权相联系的继续管理权，也没有对已售出的商品实施控制。

3. 收入的金额能够可靠地计量。

4. 相关的经济利益很可能流入企业。

5. 相关的已发生或将发生的成本能够可靠地计量。

二、账户设置

1. "主营业务收入"账户

"主营业务收入"账户用以核算企业确认的销售商品、提供劳务等主营业务的收入；期末结转后，该账户无余额。

2. "其他业务收入"账户

"其他业务收入"账户用以核算企业确认的除主营业务活动以外的其他经营活动

实现的收入，包括出租固定资产、出租无形资产、出租包装物和商品、销售材料等。期末结转后，该账户无余额。

3. "应收账款"账户

（1）"应收账款"账户用以核算企业因销售商品、提供劳务等经营活动应收取的款项。

（2）借方登记由于销售商品以及提供劳务等发生的应收账款，包括应收取的价款、税款和代垫款等；贷方登记已经收回的应收账款。期末余额通常在借方，反映企业尚未收回的应收账款；期末余额如果在贷方，反映企业预收的账款。

4. "应收票据"账户

（1）"应收票据"账户用以核算企业因销售商品、提供劳务等而收到的商业汇票。

（2）借方登记企业收到的应收票据，贷方登记票据到期收回的应收票据。期末余额在借方，反映企业持有的商业汇票的票面金额。

5. "预收账款"账户

（1）"预收账款"账户用以核算企业按照合同规定预收的款项。预收账款情况不多的，也可以不设置本账户，将预收的款项直接记入"应收账款"账户。

（2）贷方登记企业向购货单位预收的款项等，借方登记销售实现时按实现的收入转销的预收款项等。期末余额在贷方，反映企业预收的款项；期末余额在借方，反映企业已转销但尚未收取的款项。

6. "主营业务成本"账户

"主营业务成本"账户用以核算企业确认销售商品、提供劳务等主营业务收入时应结转的成本。期末结转后，该账户无余额。

7. "其他业务成本"账户

"其他业务成本"账户用以核算企业确认的除主营业务活动以外的其他经营活动所发生的支出，包括销售材料的成本、出租固定资产的折旧额、出租无形资产的摊销额、出租包装物的成本或摊销额等。期末结转后，该账户无余额。

8. "营业税金及附加"账户

"营业税金及附加"账户用以核算企业经营活动发生的营业税、消费税、资源税、城市维护建设税和教育费附加等相关税费。需注意的是，房产税、车船税、土地使用税、印花税通过"管理费用"账户核算。期末结转后，该账户无余额。

三、账务处理

1. 销售

借：银行存款（收到款项）

应收票据（收到商业汇票）

应收账款（款项未收）

预收账款（款项已收，商品尚未发出）

营业税金及附加（计算应缴纳的消费税、城市维护建设税、教育费附加等）

贷：主营业务收入（销售商品或提供劳务）

其他业务收入（销售材料、出租设备、让渡资产使用权）

应交税费——应交增值税（销项税额）

——应交消费税

——应交城市维护建设税

——应交教育费附加

2. 结转销售成本

借：主营业务成本（销售商品）

其他业务成本（销售材料、出租设备、让渡资产使用权）

贷：库存商品（销售商品）

原材料（销售材料）

周转材料（销售周转材料）

累计折旧（出租设备）

累计摊销（让渡资产使用权）

3. 收到款项

借：银行存款

贷：应收票据（商业汇票到期）

应收账款（收回应收账款）

4. 缴纳税款

借：应交税费

贷：银行存款

【例题 1. 分析题】某企业销售产品，该产品为应税消费品，消费税税率为 15%，产品成本为 70 000 元，发票上注明的价款为 100 000 元，增值税为 17 000 元，另用银行存款 1 000 元代购买方垫付运费。款项尚未收到。

要求：对上述业务进行会计处理。

【解析】

（1）销售时：

借：应收账款　　　　　　　　　　　　　　　　　　　　　　118 000

　　　贷：主营业务收入　　　　　　　　　　　　　　　　　　100 000

　　　　　应交税费——应交增值税（销项税额）　　　　　　　17 000

　　　　　银行存款　　　　　　　　　　　　　　　　　　　　 1 000

　（2）结转成本：

借：主营业务成本　　　　　　　　　　　　　　　　　　　　70 000

　　贷：库存商品　　　　　　　　　　　　　　　　　　　　　70 000

　（3）计算消费税：

借：营业税金及附加　　　　　　　　　　　　　　　　　　　15 000

　　贷：应交税费——应交消费税　　　　　　　　　　　　　　15 000

　（4）收回应收账款：

借：银行存款　　　　　　　　　　　　　　　　　　　　　 118 000

　　贷：应收账款　　　　　　　　　　　　　　　　　　　　 118 000

　（5）假设收到一张票面金额为 118 000 元的银行承兑汇票，会计处理如下：

借：应收票据　　　　　　　　　　　　　　　　　　　　　 118 000

　　贷：应收账款　　　　　　　　　　　　　　　　　　　　 118 000

　（6）银行承兑的商业汇票到期时：

借：银行存款　　　　　　　　　　　　　　　　　　　　　 118 000

　　贷：应收票据　　　　　　　　　　　　　　　　　　　　 118 000

　（7）缴纳消费税：

借：应交税费——应交消费税　　　　　　　　　　　　　　　15 000

　　贷：银行存款　　　　　　　　　　　　　　　　　　　　　15 000

【例题2.分析题】20×4 年 3 月 1 日，甲公司库存 A 材料实际成本为 100 000 元。

（1）20×4 年 3 月 1 日，甲公司购入 A 材料一批，取得增值税专用发票记载价款 400 000 元，增值税 68 000 元，材料已运到并验收入库，款项尚未支付。

（2）20×4 年 3 月 10 日，甲公司以银行存款支付上述款项。

（3）根据甲公司"发料凭证汇总表"记录，20×4 年 3 月份生产车间生产产品直接领用 A 材料 220 000 元，车间管理部门领用 A 材料 30 000 元，行政管理部门领用 A 材料 20 000 元。

（4）甲公司 20×4 年 3 月 25 日对外销售 A 材料，开具增值税专用发票上注明价款 20 000 元，增值税 3 400 元，款项已由银行收讫，该批 A 材料实际成本为 17 000 元。

　　要求：对上述业务进行会计处理。

【解析】

（1）甲公司赊购 A 材料时；

借：原材料　　　　　　　　　　　　　　　　　　　　　　　　400 000
　　应交税费——应交增值税（进项税额）　　　　　　　　　　68 000
　　贷：应付账款　　　　　　　　　　　　　　　　　　　　　　　　468 000

（2）甲公司支付货款时；

借：应付账款　　　　　　　　　　　　　　　　　　　　　　　468 000
　　贷：银行存款　　　　　　　　　　　　　　　　　　　　　　　　468 000

（3）甲公司内部领用 A 材料时：

借：生产成本　　　　　　　　　　　　　　　　　　　　　　　220 000
　　制造费用　　　　　　　　　　　　　　　　　　　　　　　　30 000
　　管理费用　　　　　　　　　　　　　　　　　　　　　　　　20 000
　　贷：原材料　　　　　　　　　　　　　　　　　　　　　　　　270 000

（4）甲公司对外销售 A 材料时：

借：银行存款　　　　　　　　　　　　　　　　　　　　　　　23 400
　　贷：其他业务收入　　　　　　　　　　　　　　　　　　　　　20 000
　　　　应交税费——应交增值税（销项税额）　　　　　　　　　　3 400

（5）计算甲公司 20×4 年 3 月末结存 A 材料的实际成本：

月末结存 A 材料的实际成本＝期初结存＋本期购入－本期领用－本期销售

＝100 000＋400 000－270 000－17000＝213 000（元）

【例题 3.分析题】企业当期应交增值税为 8 500 元，按税法规定企业应交城市维护建设税 595 元、教育费附加 255 元。

要求：对上述业务进行会计处理。

【解析】

（1）计提应交城市维护建设税、应交教育费附加：

借：营业税金及附加　　　　　　　　　　　　　　　　　　　　　850
　　贷：应交税费——应交城市维护建设税　　　　　　　　　　　　　595
　　　　　　　　　——应交教育费附加　　　　　　　　　　　　　　255

（2）缴纳时：

借：应交税费——应交城市维护建设税　　　　　　　　　　　　595
　　　　　　　——应交教育费附加　　　　　　　　　　　　　　255
　　贷：银行存款　　　　　　　　　　　　　　　　　　　　　　　850

【考点八】期间费用的账务处理

一、期间费用的构成

1. 管理费用是指企业为组织和管理企业生产经营活动发生的各种费用。
2. 销售费用是指企业销售商品和材料、提供劳务的过程中发生的各种费用。
3. 财务费用是指企业为筹集生产经营所需资金等而发生的筹资费用。

二、账户设置

1. "管理费用"账户

"管理费用"账户用以核算企业为组织和管理企业生产经营发生的管理费用。期末结转后，该账户无余额。

2. "销售费用"账户

"销售费用"账户用以核算企业发生的各项销售费用。期末结转后，该账户无余额。

3. "财务费用"账户

"财务费用"账户用以核算企业为筹集生产经营所需资金等而发生的筹资费用，包括利息支出（减利息收入）、汇兑损益以及相关的手续费、企业发生的现金折扣或收到的现金折扣等。期末结转后，该账户无余额。

三、账务处理

借：销售费用（销售部门发生的各项费用）

　　管理费用（管理部门发生的各项费用）

　　财务费用（利息支出、汇兑损益、手续费、现金折扣）

　贷：库存现金（以现金支付的费用）

　　　银行存款（以银行存款支付的费用）

　　　库存商品（展示的样品）

　　　应付职工薪酬（人员的工资及社保）

　　　累计折旧（销售部门、管理部门办公设备的折旧）

　　　应交税费——应交房产税

　　　　　　　——应交土地使用税

【例题1.分析题】某企业以银行存款支付广告费10 000元，为促销产品领用本企业的包装物1 000元，支付销售人员的工资4 000元。本月应付行政管理部门人员的工资120 000元，管理部门办公设备折旧50 000元，现金报销差旅费2 000元（为预借款项），用银行存款支付水电费7 000元。

要求：对上述业务进行会计处理。

【解析】

（1）支付广告费、销售人员工资、销售产品领用本企业的包装物时：

借：销售费用	15 000
贷：银行存款	10 000
周转材料	1 000
应付职工薪酬——工资	4 000

（2）预借差旅费时：

借：其他应收款	2 000
贷：库存现金	2 000

（3）报销差旅费时：

借：管理费用	2 000
贷：其他应收款	2 000

（4）计提管理部门工资、办公设备折旧，支付水电费时：

借：管理费用	177 000
贷：应付职工薪酬——工资	120 000
累计折旧	50 000
银行存款	7 000

【考点九】利润形成与分配业务的账务处理

一、利润形成的账务处理

（一）利润的形成

1. 营业利润

营业利润=营业收入-营业成本-营业税金及附加-销售费用-管理费用-财务费用-资产减值损失+公允价值变动收益（-公允价值变动损失）+投资收益（-投资损失）

其中：

营业收入=主营业务收入+其他业务收入

营业成本=主营业务成本+其他业务成本

2. 利润总额

利润总额=营业利润+营业外收入-营业外支出

3. 净利润

净利润＝利润总额−所得税费用

（二）账户设置

企业通常设置以下账户对利润形成业务进行会计核算：

1."本年利润"账户

（1）"本年利润"账户用以核算企业当期实现的净利润（或发生的净亏损）。企业期（月）末结转利润时，应将各损益类账户的金额转入本账户，结平各损益类账户。

（2）"本年利润"账户贷方登记期末转入的收入；借方登记期末转入的费用。余额如在贷方，即为当期实现的净利润；余额如在借方，即为当期发生的净亏损。年度终了，将净利润（或发生的净亏损）转入"利润分配"账户，结转后本账户无余额。

2."投资收益"账户

"投资收益"账户用以核算企业确认的投资收益或投资损失。期末结转后，该账户无余额。

3."营业外收入"账户

"营业外收入"账户用以核算企业发生的各项营业外收入，主要包括非流动资产处置利得、政府补助、捐赠利得、罚没收入、盘盈收入等。期末结转后，该账户无余额。

4."营业外支出"账户

"营业外支出"账户用以核算企业发生的各项营业外支出，包括非流动资产处置损失、公益性捐赠支出、非常损失、罚没损失、盘亏损失等。期末结转后，该账户无余额。

5."所得税费用"账户

"所得税费用"账户用以核算企业确认的应从当期利润总额中扣除的所得税费用。期末结转后，该账户无余额。

（三）账务处理

1. 营业外收支的账务处理

（1）取得营业外收入的账务处理

借：银行存款

　　固定资产

　　无形资产

　　固定资产清理

贷：营业外收入

（2）发生营业外支出的账务处理

借：营业外支出

　贷：无形资产

　　　原材料

　　　库存商品

　　　应付账款

2. 结转各项收入、利得的账务处理

借：主营业务收入

　　其他业务收入

　　营业外收入

　　投资收益

　贷：本年利润

3. 结转各项费用、损失的账务处理

借：本年利润

　贷：主营业务成本

　　　其他业务成本

　　　营业税金及附加

　　　销售费用

　　　管理费用

　　　财务费用

　　　资产减值损失

　　　营业外支出

4. 所得税的处理

（1）当期应交所得税＝应纳税所得额×所得税税率

应纳税所得额＝税前会计利润+纳税调整增加额−纳税调整减少额

（2）计算所得税

借：所得税费用

　贷：应交税费——应交企业所得税

（3）结转所得税费用

借：本年利润

　贷：所得税费用

二、利润分配的账务处理

（一）利润分配的顺序

1. 计算可供分配的利润

可供分配的利润＝净利润（或亏损）＋年初未分配利润－弥补以前年度的亏损＋其他转入的金额

如果可供分配的利润为负数（即累计亏损），则不能进行后续分配。

2. 提取盈余公积

（1）《公司法》规定，按照当年净利润（抵减年初累计亏损后）的10%提取法定盈余公积，提取的法定盈余公积累计额超过注册资本50%以上的，可以不再提取。

（2）经股东会或者股东大会决议，还可以从净利润中提取任意盈余公积。

3. 向投资者分配利润（或股利）

可供投资者分配的利润＝可供分配的利润－提取的盈余公积

（二）账户设置

1. "利润分配"账户

（1）"利润分配"账户用以核算企业利润的分配（或亏损的弥补）和历年分配（或弥补）后的余额。

（2）"利润分配"账户借方登记实际分配的利润额以及年末从"本年利润"账户转入的全年发生的净亏损；贷方登记用盈余公积弥补的亏损额等其他转入数以及年末从"本年利润"账户转入的全年实现的净利润。

2. "盈余公积"账户

"盈余公积"账户用以核算企业从净利润中提取的盈余公积。该账户应当区分"法定盈余公积"、"任意盈余公积"进行明细核算。

3. "应付股利"账户

"应付股利"账户用以核算企业分配的现金股利或利润。期末余额在贷方，反映企业应付未付的现金股利或利润。

（三）账务处理

1. 提取盈余公积

借：利润分配——提取法定盈余公积

　　　　　　——提取任意盈余公积

　贷：盈余公积——法定盈余公积

　　　　　　——任意盈余公积

2. 向投资者分配利润

借：利润分配——应付股利或应付利润

　　贷：应付股利

【例题1.分析题】A公司20×4年度的有关账户资料见表5-1。

表5-1　　　　　　　　　　　　　　　有关账户资料　　　　　　　　　　　　单位:元

账户名称	1—11月累计发生额		12月发生额	
	借方	贷方	借方	贷方
主营业务收入		1 000 000		100 000
其他业务收入		500 000		10 000
营业外收入		10 000		1 000
主营业务成本	700 000		60 000	
其他业务成本	300 000		6 000	
销售费用	200 000		4 000	
管理费用	100 000		5 000	
财务费用	3 000		1 000	
营业税金及附加	20 000		2 000	
营业外支出	5 000			

　　（1）年初未分配利润为200万元，适用的企业所得税税率为25%。假定不存在纳税调整因素。

　　（2）按税后利润的10%和5%提取法定盈余公积和任意盈余公积。

　　（3）向投资者宣告分配利润100万元。

　　要求：

　　（1）编制结转20×4年度损益类科目的会计分录；

　　（2）编制计算所得税费用的会计分录；

　　（3）编制结转利润的会计分录；

　　（4）编制提取盈余公积的会计分录；

　　（5）编制宣告分配利润的会计分录。

【解析】

　　（1）结转20×4年度损益时：

借：主营业务收入　　　　　　　　　　　　　　　　　　　　　　1 100 000

　　其他业务收入　　　　　　　　　　　　　　　　　　　　　　　510 000

　　营业外收入　　　　　　　　　　　　　　　　　　　　　　　　　11 000

贷：本年利润	1 621 000
借：本年利润	1 406 000
贷：主营业务成本	760 000
其他业务成本	306 000
销售费用	204 000
管理费用	105 000
财务费用	4 000
营业税金及附加	22 000
营业外支出	5 000

（2）20×1年度利润总额＝1 000 000＋100 000＋500 000＋10 000－700 000－60 000－300 000－6 000－200 000－4 000－100 000－5 000－3 000－1 000－20 000－2 000＋10 000＋1 000－5 000＝215 000（元）

A公司所得税费用＝215 000×25%＝53 750（元）

借：所得税费用	53 750
贷：应交税费——应交所得税	53 750

（3）结转利润时：

借：本年利润	161 250
贷：利润分配——未分配利润	161 250

（4）提取盈余公积时：

借：利润分配——提取法定盈余公积	16 125
——提取任意盈余公积	8 062.5
贷：盈余公积——法定盈余公积	16 125
——任意盈余公积	8 062.5

（5）宣告分配利润时：

借：利润分配——应付利润	1 000 000
贷：应付利润	1 000 000

【同步练习】

一、单项选择题

1. 某公司现注册资本为200万元。为了扩大生产经营规模，该公司准备吸收新的投资者，将注册资本增加到250万元。按照投资协议，新的投资者需出资100万元,同时享有该公司 1/5 的股份。那么由于新投资者加入而增加的资本公积份额是( )万元。

A. 100   B. 50   C. 40   D. 30

2. 甲企业购进材料 100 吨,货款计 1 000 000 元,装卸费 1 000 元,并以银行存款支付该材料的运费 1 000 元,保险费 5 000 元。该材料的采购成本为( )元。

A. 1 000 000   B. 1 005 000   C. 1 007 000   D. 1 006 000

3. 下列不能计入存货采购成本核算的是( )。

A. 运输费   B. 装卸费   C. 保险费   D. 采购人员差旅费

4. X 企业采用实地盘存制确定 A 材料的期末结存数量为 216 千克,每千克实际单价为 60 元,且该企业当期期初"原材料——A 材料"科目的借方余额为 15 600元,当期入库 A 材料的实际成本为 36 500 元,则 A 材料的当期减少额为( )元。

A. 41 290   B. 39 140   C. 42 250   D. 33 210

5. 下列应计提折旧的固定资产是( )。

A. 以经营租赁方式租入的设备   B. 处于更新改造过程停用的生产线

C. 以融资租赁方式租出的设备   D. 因大修理停用的设备

6. 某企业于设立时接受 A 公司作为资本投入的原材料一批。该批材料投资合同约定的价值为 200 000 元,增值税进项税额为 34 000 元。A 公司已经开具了增值税专用发票。假设合同约定的价值和材料的公允价值相符,该进项税额允许抵扣,不考虑其他因素。A 公司在进行会计处理时应该记入实收资本科目的金额是( )元。

A. 200 000   B. 234 000   C. 34 000   D. 166 000

7. X 企业出售闲置设备,账面原价 20 000 元,已使用两年,已提折旧 2 000 元,出售时发生清理费用 400 元,出售价格 17 000 元,X 企业出售该设备发生的净损益为( )。

A. 净收益 400 元   B. 净收益 1 400 元

C. 净损失 1 400 元   D. 净收益 16 600 元

8. 甲企业收到乙企业作为资本投入的不需要安装的机器设备一台。该设备的市场价格为 70 000 元,历史成本为 50 000 元,双方投资合同或协议约定的价值为 65 000 元,那么,甲企业在编制会计分录时,该设备的实际入账价值应该是( )。

A. 70 000 元   B. 65 000 元   C. 50 000 元   D. 无法确定

9. 甲公司销售一批货物给乙公司,货已发出,货款为 10 000 元,增值税为1 700 元,按合同规定 3 个月以后付款,乙公司交给甲公司一张 3 个月到期的商业承兑汇票,票面金额为 11 700 元。此时,甲公司应确认的应收票据金额为( )元。

A. 10 000   B. 11 700   C. 10 700   D. 12 700

10. M 公司为增值税一般纳税人，9 月购入原材料 1 000 千克，每千克不含税单价为 100 元，发生运杂费 500 元（不考虑运费抵扣增值税），入库前发生挑选整理费用 600 元，途中合理耗损 15 千克。甲公司系增值税一般纳税人，适用增值税税率为 17%。该批材料的单位成本为（　　）元／千克。

　　A. 102.64　　　　　B. 119.90　　　　　C. 101.41　　　　　D. 100.90

11. 某企业系增值税一般纳税人，10 月份购买一项固定资产，发生下列相关费用，其中不应计入固定资产入账价值的是（　　）。

　　A. 固定资产买价

　　B. 购买机器设备取得的增值税专用发票上注明的增值税额

　　C. 为取得固定资产而缴纳的契税

　　D. 固定资产安装调试费

12. 某公司有旧厂房一栋，原值 50 万元，已计提折旧额为 42 万元，因使用期满经批准报废。清理过程中发生清理费用 12 000 元，残料收入 8 000 元。则处置该固定资产的净损益情况为（　　）元。

　　A. 净收入 80 000　　　　　　　　B. 净损失 80 000

　　C. 净收入 76 000　　　　　　　　D. 净损失 84 000

13. 某企业本月应付职工薪酬情况如下：车间生产人员工资 150 000 元，车间管理人员工资 30 000 元，厂部行政管理人员工资 60 000 元。那么，会计人员在核算应付职工薪酬时，应该记入管理费用科目的数额是（　　）元。

　　A. 150 000　　　　　B. 30 000　　　　　C. 60 000　　　　　D. 90 000

14. A 企业为增值税一般纳税人，3 月 11 日购买了一批原材料，购买价款为 10 000元，增值税为 1 700 元，入库前发生挑选整理费 500 元。该批原材料的入账价值为（　　）元。

　　A. 10 500　　　　　B. 11 700　　　　　C. 12 200　　　　　D. 10 000

15. 某企业于 2014 年 12 月 31 日购入一项固定资产，原价为 14 万元，预计使用年限为 5 年，预计净残值为 2 万元，采用直线法计提折旧，则 2015 年 1 月份应计提的折旧金额为（　　）元。

　　A. 2 000　　　　　B. 2 333.33　　　　　C. 2 300　　　　　D. 2 200

二、多项选择题

1. M 企业购入一台生产用设备并投入使用，设备价款 45 万元，进项税额 7.65 万元。M 企业以银行存款支付 35 万元，余款以商业承兑汇票承付。对于该项经济业务的会计处理，正确的有（　　）。

A. 借记"固定资产"科目 45 万元　　B. 借记"固定资产"科目 52.65 万元

C. 贷记"银行存款"科目 35 万元　　D. 贷记"应付票据"科目 17.65 万元

2. 必须通过"应付职工薪酬"科目核算的有（　　）。

A. 应支付的工资、津贴　　　　　　B. 应支付的职工住房公积金

C. 为职工无偿提供的医疗保健服务　D. 应支付的职工教育经费

3. X 企业销售一批产品给 Y 企业，货已发出，货款 10 000 元，增值税 1 700 元。按合同约定 3 个月以后付款，Y 企业交给 X 企业一张 3 个月到期的商业承兑汇票，票面金额为 11 700 元，则（　　）。

A. X 企业收到该票据时，应确认主营业务收入 10 000 元

B. 3 个月后，应收票据到期，X 企业收回款项 11 700 元，应借记银行存款 11 700元

C. 如果票据到期，Y 企业无力偿还，则 X 企业应将应收票据转入应收账款

D. 无须确认增值税额

4. X 企业行政管理部门张某外出预借差旅费 1 000 元，以库存现金付讫，则（　　）。

A. 借记"其他应收款——备用金（张某）"1 000 元

B. 借记"应收账款——备用金（张某）"1 000 元

C. 贷记"银行存款"1 000 元

D. 贷记"库存现金"1 000 元

5. X 企业由两位投资者投资 20 万元设立，每人出资 10 万元。两年后，为扩大经营规模，该公司准备吸收新的投资者李某，将注册资本增加到 30 万元。按照投资协议，新投资者需出资 15 万元，同时享有该公司 1/3 的股份。接到银行通知，新投资者的投资额已经到账。假定不考虑其他因素，则 X 企业（　　）。

A. 银行存款借方增加 15 万元

B. 实收资本借方增加 10 万元

C. 实收资本贷方增加 10 万元

D. 资本公积——资本溢价贷方增加 5 万元

6. X 企业设立时接受 Y 企业作为资本投入的原材料一批，该批原材料合同约定价值 200 000 元，增值税进项税额为 34 000 元，已开具增值税专用发票。则（　　）。

A. 借记"原材料"200 000 元

B. 借记"应交税费——应交增值税（进项税额）"34 000 元

C. 贷记"实收资本"234 000 元

D. 贷记"实收资本"200 000 元

7. 收回应收账款 1 000 元，存入银行，这笔业务造成的结果是（　　　）。

A. 资产增加 1 000 元　　　　　　　　B. 资产不变

C. 借记"银行存款"　　　　　　　　D. 贷记"应收账款"

8. 采购员报销差旅费不涉及的账户有（　　　）。

A. 其他应付款　　B. 其他应收款　　C. 管理费用　　　　D. 累计折旧

9. X 企业购进设备一台，购买价款为 30 万元，增值税为 5.1 万元，装卸费和安装费合计为 3 万元，提供的服务费 2 万元，则（　　　）。

A. 固定资产入账价值为 40.1 万元

B. 固定资产入账价值为 35 万元

C. 增值税 5.1 万元不计入成本

D. 装卸费、安装费和服务费计入成本

10. X 企业销售产品一批后，收到支票一张，存入银行，货款 50 000 元，增值税 8 500 元，则（　　　）。

A. 借记"银行存款"58 500 元

B. 贷记"主营业务收入"50 000 元

C. 贷记"应交税费——应交增值税（销项税额）"8 500 元

D. 借记"库存现金"58 500 元

11. X 企业从外地工厂购入材料 1 000 千克，买价共 20 000 元，增值税专用发票上的增值税为 3 400 元，供应单位代垫运杂费 800 元。材料已到达并验收入库，但货款尚未支付，则（　　　）。

A. 借记"原材料"24 200 元　　　　　　B. 借记"原材料"20 800 元

C. 贷记"应付账款"23 400 元　　　　　D. 贷记"应付账款"24 200 元

12. X 企业于 2015 年 1 月 1 日取得银行借款 100 000 元，期限 9 个月，年利率 6%，该借款到期后按期如数偿还，利息分月预提，按季支付，则（　　　）。

A. 1 月 1 日取得借款时，确认短期借款 100 000 元

B. 1 月末计提利息时，确认财务费用 500 元

C. 3 月末支付本季度利息时，贷记银行存款 1 500 元

D. 6 月末支付本季度利息时，贷记银行存款 1 500 元

13. X 企业对总务部门实行定额备用金制度，定额为 2 000 元，总务部门第一次领取时，要做相应的会计分录，此分录涉及的科目有（　　　）。

A. 其他应收款——备用金　　　　　　B. 管理费用

C. 营业外支出　　　　　　　　　　　D. 库存现金

14. 在"固定资产清理"账户贷方登记的是（　　　）。

A. 清理固定资产的变价收入

B. 保管过程中发生损耗

C. 发生的清理费用

D. 保险公司或过失人的赔偿款以及结转的清理净损失

15. 下列属于职工薪酬范围的有（　　　　）。

A. 职工工资　　　　B. 职工福利费　　　C. 社会保险费　　　D. 住房公积金

三、判断题

1. B 企业的原有投资者之一撤资 300 万元，用银行存款支付，这一项业务表现为资产减少了 300 万元，所有者权益减少了 300 万元。（　　）

2. 年度终了，企业应将本年实现的净利润或发生的净亏损，自"本年利润"账户转入"利润分配"账户，如为盈利，借记"利润分配——未分配利润"，贷记"本年利润"。（　　）

3. 对于实际投入的金额超过投资者在企业注册资本中所占份额的部分，应记入"盈余公积"账户。（　　）

4. R 企业购入不需安装的设备一台，价款为 100 万元，支付的增值税为 17 万元，另支付运输费 3 000 元，则该固定资产的入账价值为 117. 3 万元。（　　）

5. 生产部门人员的职工薪酬，借记"生产成本"、"制造费用"等账户，贷记"应付职工薪酬"账户。（　　）

6. 应收账款入账价值包括销售货物或提供劳务的价款、增值税以及代购货方垫付的包装费、运杂费等。（　　）

7. T 企业于 2015 年 1 月 1 日取得银行借款 30 000 元，期限为半年，年利率为 5%，利息直接支付，则 2015 年 7 月 1 日应计提利息 750 元，并计入财务费用。（　　）

8. 如果物资验收入库的同时支付货款，则通过"应付账款"账户核算；如果物资验收入库后仍未支付，则按发票账单金额通过银行存款核算。（　　）

9. 企业购入需要安装的固定资产买价以及发生的安装费用等，均应通过"在建工程"账户核算。待安装完毕达到预定可使用状态时，再按其实际成本从"在建工程"账户转入"固定资产"账户。（　　）

10. 李某出差归来报销差旅费，出具的报销凭证有飞机票、公交车票等各种发票共计 11 张，填制了报销清单且经领导签字审批后，出纳员当即给与报销。会计人员在根据该项业务编制记账凭证时，记账凭证的附件数量应填 11。（　　）

四、分析题

1. ABC 公司由 ABC 三人组成，注册资本为 900 万元，各占 1/3 的股权，A 出资固定资产，固定资产原值为 500 万元，折旧 100 万元，公允价值为 300 万元。B 出资固定资产 200 万元，专利 100 万元。C 出资货币资金 300 万元。一年以后，D、E 两人加入 ABC 公司，现改名为 ABCDE 公司，注册资本为 1500 万元，各占 20% 的股权。D 出资一项土地，价值 400 万元。E 出资固定资产 400 万元。

要求：

（1）编制 A 出资的会计分录；

（2）编制 B 出资的会计分录；

（3）编制 C 出资的会计分录；

（4）编制 D 出资的会计分录；

（5）编制 E 出资的会计分录。

2. 甲股份有限公司为制造企业，增值税一般纳税人，201×年发生下列交易与事项：

（1）7 月 1 日，接受乙公司投入的商标使用权，该商标使用的双方协议价为 12 750 000 元（为该商标使用权的公允价值），甲股份有限公司本次增资的注册资本额为 12 650 000 元。

（2）7 月 2 日，从丙公司购入 N 材料，增值税专用发票列示 N 材料货款金额 161 000 元，增值税 27 370 元，均以转账支票支付，N 材料于当天验收入库，原材料核算采用实际成本法。

（3）7 月 5 日，以转账支票支付丁公司广告费 36 000 元。

（4）7 月 9 日，采用电汇结算方式向某小学捐赠款项 432 000 元。

（5）7 月 31 日，计提行政管理部门用 E 运输设备折旧。E 运输设备采用工作量法计提折旧，E 运输设备原价为 133 000 元，净残值率为 4%。总工作量为 100 000 公里，E 运输设备本月行驶 3 000 公里。

要求：

（1）编制业务（1）所述交易或事项的会计分录。

（2）编制业务（2）所述交易或事项的会计分录。

（3）编制业务（3）所述交易或事项的会计分录。

（4）编制业务（4）所述交易或事项的会计分录。

（5）编制业务（5）所述交易或事项的会计分录。

（该题除应交税费外，其他科目不要求设置明细科目）

3. 某企业拟出售一座建筑物,有关业务如下:

(1) 该建筑物原值 3 000 000 元,已经计提折旧 450 000 元。将该建筑物净值转入固定资产清理。

(2) 以现金支付相关清理费用 20 000 元。

(3) 出售价格为 2 800 000 元,已通过银行收回款项。

(4) 计提应交营业税 140 000 元。

(5) 结转清理净损益。

要求:编制以上业务有关会计分录。

4. 甲公司为制造企业,增值税一般纳税人,原材料核算采用实际成本法。201×年 7 月份发生下列交易与事项:

(1) 7 月 2 日,从乙公司购入 A 材料、B 材料,其中 A 材料 300 件,单价 120 元/件,B 材料 200 件,单价 80 元/件,增值税专用发票列示货款金额为 52 000 元,增值税为 8 840 元,款项尚未支付;

(2) 7 月 8 日,用银行存款支付 A、B 材料共同的采购费用 16 500 元,并以 A、B 材料的采购件数为标准将其分配计入 A、B 材料成本;

(3) 7 月 10 日,A、B 材料验收入库;

(4) 7 月 25 日,销售 A 材料 200 件并收到银行存款,增值税专用发票列示销售货款金额为 40 000 元,增值税销项税额为 6 800 元;

(5) 月末,结转销售 A 材料的成本;

(6) 月末,从银行借入 3 年期基建借款 2 500 000 元。

要求:根据上述资料进行下列计算分析。

(1) A 材料的采购成本为 ( ) 元。

(2) B 材料的采购成本为 ( ) 元。

(3) 编制业务 (4) 所述交易或事项的会计分录。

(4) 编制业务 (5) 所述交易或事项的会计分录。

(5) 编制业务 (6) 所述交易或事项的会计分录。

5. 甲公司为制造企业,增值税一般纳税人,原材料核算采用实际成本法。201×年 7 月份发生下列交易与事项:

(1) 7 月 2 日,从乙公司购入 N 材料,增值税专用发票列示 N 材料贷款金额为 183 000 元,增值税为 31 110 元,款项尚未支付,N 材料尚未验收入库。

(2) 7 月 10 日,从丙公司购入不需安装 R 机器设备一台,增值税专用发票列示 R 设备货款 57 000 元,增值税进项税额为 9 690 元,款项以银行存款支付。

(3) 7 月 18 日,以银行存款支付车间固定资产修理费 30 000 元。

（4）生产车间本月领用材料 42 650 元用于生产 W 产品。

（5）计提本月行政管理部门的固定资产折旧费 363 352 元。

要求：

（1）编制业务（1）所述交易或事项的会计分录。

（2）编制业务（2）所述交易或事项的会计分录。

（3）编制业务（3）所述交易或事项的会计分录。

（4）编制业务（4）所述交易或事项的会计分录。

（5）编制业务（5）所述交易或事项的会计分录。

6. 甲公司为制造企业，增值税一般纳税人，原材料核算采用实际成本法，201×年 7 月份发生下列交易与事项：

（1）7 月 2 日，从乙公司购入 N 材料 83 000 千克，单价 15 元/千克，增值税专用发票列示 N 材料货款为 1 245 000 元，增值税为 211 650 元，均以转账支票支付，N 材料运到并验收入库。

（2）7 月 6 日，从丙公司购入 M 材料 13 000 千克，单价 16 元/千克，增值税专用发票列示 M 材料货款为 208 000 元，增值税为 35 360 元，款项尚未支付，M 材料尚未验收入库。

（3）以银行存款支付购买 M 材料应付的装卸费和保险费 4 000 元，同时 M 材料验收入库。

（4）7 月 31 日，汇总本月领料单，其中生产车间领用 N 材料 46 500 元、M 材料 66 500 元，用于车间一般消耗。

（5）7 月 31 日，汇总本月领料单，其中行政管理部门领用 N 材料 87 000 元、M 材料 32 000 元。

要求：

（1）编制业务（1）所述交易或事项的会计分录。

（2）编制业务（2）所述交易或事项的会计分录。

（3）编制业务（3）所述交易或事项的会计分录。

（4）编制业务（4）所述交易或事项的会计分录。

（5）编制业务（5）所述交易或事项的会计分录。

（该题除应交税费外，其他科目不要求设置明细科目）

7. 甲公司为制造企业，增值税一般纳税人，原材料核算采用实际成本法。201×年 7 月份发生下列交易与事项：

（1）7 月 2 日，从乙公司购入 N 材料 28 000 千克，单价 17 元/千克，增值税专用发票列示 N 材料货款金额为 476 000 元，增值税 80 920 元，均以转账支票支付，N

材料运到并验收入库。

（2）7月6日，从丙公司购入 M 材料 46 000 千克，单价 19 元/千克，增值税专用发票列示 M 材料货款金额为 874 000 元，增值税 148 580 元，款项尚未支付，M 材料尚未验收入库。

（3）以银行存款支付购买 M 材料应付的装卸费和保险费 4 000 元，同时 M 材料验收入库。

（4）7月31日，汇总本月领料单，其中生产车间领用 N 材料 16 000 元、M 材料 62 000 元，用于车间一般消耗。

（5）7月31日，汇总本月领料单，其中行政管理部门领用 N 材料 78 000 元、M 材料 23 000 元。

要求：

（1）编制业务（1）所述交易或事项的会计分录。

（2）编制业务（2）所述交易或事项的会计分录。

（3）编制业务（3）所述交易或事项的会计分录。

（4）编制业务（4）所述交易或事项的会计分录。

（5）编制业务（5）所述交易或事项的会计分录。

8. 甲股份有限公司为制造企业，增值税一般纳税人，201×年发生下列交易事项：

（1）7月1日，接受乙公司投入的商标使用权，该商标使用权的双方协议价为 19 280 000（为该商标使用权的公允价值），甲股份有限公司本次增资的注册资金为 19 180 000 元。

（2）7月2日，从丙公司购入 N 材料，增值税专用发票列示 N 材料货款金额 748 000 元，增值税 127 160 元，均以转账支票支付。N 材料于当天验收入库，公司原材料核算采用实际成本法。

（3）7月9日，以转账支票支付丁公司广告费 60 100 元。

（4）7月9日，采用电汇结算方式，向某小学捐赠款项 736 000 元。

（5）7月31日，计提行政管理部门 E 运输设备折旧，E 运输设备采用工作量法计提折旧，E 运输设备原价为 581 000 元，净残值率为 4%，总工作量为 100000 公里，E 运输设备本月行驶 3 000 公里。

要求：编制相关会计分录（该题除应交税费外其他科目不要求设置明细账）。

9. 甲股份有限公司为制造企业，增值税一般纳税人，201×年发生下列交易与事项：

（1）7月1日，接受乙公司投入的商标使用权，该商标使用权的双方协议价为

17 883 000 元（为该商标使用权的公允价值），甲股份有限公司本次增资的注册资本额为 17 783 000 元。

（2）7 月 2 日，从丙公司购入 N 材料，增值税专用发票列示材料货款金额为 951 000 元，增值税 161 670 元，均以转账支票支付，N 材料于当天验收入库，公司原材料核算采用实际成本法。

（3）7 月 5 日，以转账支票支付丁公司广告费 25 200 元。

（4）7 月 9 日，采用电汇结算方式向某小学捐赠款项 376 000 元。

（5）7 月 31 日，计提行政管理部门用 E 运输设备折旧，E 运输设备采用工作量法计提折旧，E 运输设备原价为 583 000 元，净残值率为 4%，总工作量为 100 000 公里，E 运输设备本月使用 3000 公里。

要求：

（1）编制业务（1）所述交易或事项的会计分录。

（2）编制业务（2）所述交易或事项的会计分录。

（3）编制业务（3）所述交易或事项的会计分录。

（4）编制业务（4）所述交易或事项的会计分录。

（5）编制业务（5）所述交易或事项的会计分录。

10. 20×1 年 12 月 20 日，甲公司购入一台不需要安装即可投入使用的机器设备，取得的增值税专用发票上注明的设备价款为 50 000 元，增值税为 8 500 元，上述款项以银行存款支付。该生产设备采用年限平均法计提折旧，预计可使用 10 年，预计报废时的净残值为固定资产原价的 2%。20×2 年 12 月 25 日，甲公司因产品转型将上述设备出售给乙公司，开具的增值税专用发票上注明的价款为 30 000 元，增值税为 5 100 元，已通过银行收回价款。甲公司为增值税一般纳税人，假定不考虑除增值税以外的其他税费，不考虑减值因素。

要求：

（1）编制甲公司购入设备的会计分录；

（2）编制甲公司计提 20×2 年度折旧的会计分录；

（3）编制甲公司出售设备转入清理时的会计分录；

（4）编制甲公司出售设备收回价款时的会计分录；

（5）编制甲公司结转设备处置净损益的会计分录。

11. 20×1 年 1 月 1 日，某公司借入一笔短期借款，共计 480 000 元，期限 6 个月，年利率 4%，该借款的本金到期后一次归还，利息分月预提，按季支付。

要求：

（1）编制该公司取得短期借款时的会计分录；

（2）编制甲公司 1 月末计提利息时的会计分录；

（3）编制甲公司 2 月末计提利息时的会计分录；

（4）编制甲公司 3 月末支付第一季度银行借款利息时的会计分录；

（5）编制甲公司 7 月 1 日到期归还本金时的会计分录。

12. 华诚公司系增值税一般纳税人，适用的增值税税率为 17%。2015 年 8 月份发生的部分经济业务如下：

（1）"发料凭证汇总表"显示，当月生产车间共领用 A 材料 198 000 元（其中，用于甲产品生产 120 000 元，用于乙产品生产 78 000 元），车间管理部门领用 A 材料 3 000 元，公司行政管理部门领用 A 材料 2 000 元。

（2）"工资结算汇总表"显示，本月应付生产工人薪酬为 114 000 元（其中，生产甲产品的工人薪酬为 67 000 元，生产乙产品的工人薪酬为 47 000 元），应付车间管理人员薪酬为 17 100 元，应付行政管理人员薪酬为 22 800 元。

（3）本月计提固定资产折旧 5 000 元（其中，生产车间用固定资产计提折旧 4 000 元，行政管理部门用固定资产计提折旧 1 000 元）。生产车间购买办公用品 4 400元，以银行存款付讫。

（4）8 月 1 日，向 A 公司销售商品一批，增值税专用发票上注明销售价格为 200 000 元，增值税为 34 000 元。提货单和增值税专用发票已交 A 公司，A 公司已承诺付款。该批商品的实际成本为 140 000 元。8 月 31 日，该批产品因质量问题被 A 公司全部退回，退回的商品已验收入库。

（5）将丙产品 15 台作为福利分配给本公司行政管理人员，每台丙产品生产成本为 140 元，市场售价为每台 200 元（不含增值税）。

要求：根据上述资料编制会计分录。

第六章 会计凭证

【本章基本结构】

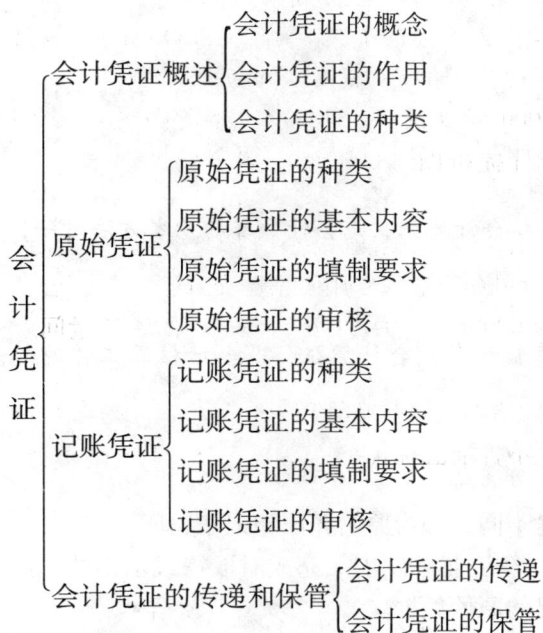

会计凭证
- 会计凭证概述
  - 会计凭证的概念
  - 会计凭证的作用
  - 会计凭证的种类
- 原始凭证
  - 原始凭证的种类
  - 原始凭证的基本内容
  - 原始凭证的填制要求
  - 原始凭证的审核
- 记账凭证
  - 记账凭证的种类
  - 记账凭证的基本内容
  - 记账凭证的填制要求
  - 记账凭证的审核
- 会计凭证的传递和保管
  - 会计凭证的传递
  - 会计凭证的保管

【考点内容精讲】

【考点一】 会计凭证概述

一、会计凭证的概念

会计凭证是指记录经济业务发生或者完成情况的书面证明，是登记账簿的依据。正确填制和审核会计凭证，是会计核算的基本方法之一，也是会计核算工作的起点和基本环节。

二、会计凭证的作用

1. 记录经济业务，提供记账依据。
2. 明确经济责任，强化内部控制。
3. 监督经济活动，控制经济运行。

【例题1.判断题】正确填制和审核会计凭证，是会计核算的基本方法之一，也是会计核算工作的起点和基本环节。（ ）

【答案】√

【解析】合法的取得、正确的填制和审核会计凭证，是会计核算工作的起点和基本环节，所以，上述说法是正确的。

三、会计凭证的种类

会计凭证按照填制的程序和用途不同，分为原始凭证和记账凭证。

1. 原始凭证，又称单据，是指在经济业务发生或完成时取得或填制的，用以记录或证明经济业务的发生或完成情况的原始凭据。

2. 记账凭证，又称记账凭单，是指会计人员根据审核无误的原始凭证，按照经济业务的内容加以归类，并据以确定会计分录后所填制的会计凭证，作为登记账簿的直接依据。

【例题2.单项选择题】会计凭证按其（ ）不同，分为原始凭证和记账凭证。

A.填制人员和程序　　　　　　　B.填制程序和方法

C.填制格式和手续　　　　　　　D.填制程序和用途

【答案】D

【解析】会计凭证按照填制的程序和用途不同，分为原始凭证和记账凭证。

【考点二】 原始凭证

一、原始凭证的种类

1. 原始凭证按照取得的来源可分为自制原始凭证和外来原始凭证。

（1）自制原始凭证是指由本单位有关部门和人员，在执行或完成某项经济业务时填制的，仅供本单位内部使用的原始凭证，如"入库单"、"出库单"、"发出材料汇总表"，"领料单"、"工资费用结算单"、"制造费用分配表"以及"成本计算表"等等。

（2）外来原始凭证。外来原始凭证是指在经济业务发生或完成时，从其他单位或个人直接取得的原始凭证，如"增值税专用发票"、"普通发票"、银行的"结算凭证"、"收账通知单"等等。

2. 原始凭证按照格式的不同可分为通用凭证和专用凭证。

（1）通用凭证是指由有关部门统一印制、在一定范围内使用的具有统一格式和使用方法的原始凭证，如由银行统一印制的结算凭证、税务部门统一印制的发票等。

（2）专用凭证是指由单位自行印制、仅在本单位内部使用的原始凭证，如高速公路通过费收据、养路费缴款单等。

3. 原始凭证按照填制的手续和内容可分为一次凭证、累计凭证和汇总凭证。

（1）一次凭证是指一次填制完成，只记录一笔经济业务且仅一次有效的原始凭证，如"收料单"、"领料单"、"增值税专用发票"等。

（2）累计凭证是指在一定时期内多次记录发生的同类型经济业务且多次有效的原始凭证，如"限额领料单"。

（3）汇总凭证是指对一定时期内反映经济业务内容相同的若干张原始凭证，按照一定标准综合填制的原始凭证，如"发出材料汇总表"、"工资汇总表"等。

【例题3.单项选择题】下列各项根据连续反映某一时期，不断重复发生而分次进行的特定业务编制的原始凭证（　　）。

A.一次凭证　　　　B.累计凭证　　　　C.汇总凭证　　　　D.通用凭证

【答案】B

【解析】累计凭证可以在一定时期内多次有效，故B正确。

【例题4.单项选择题】下列关于发出材料汇总表性质的描述中正确的是（　　）。

A.单项原始凭证　　B.自制原始凭证　　C.外来原始凭证　　D.累计原始凭证

【答案】B

【解析】发出材料汇总表是对一定时期内反映经济业务内容相同的若干张原始凭证,按照一定标准综合填制的,属于自制原始凭证,故 B 正确。

【例题5.单项选择题】下列凭证中属于自制原始凭证的是( )。

A.产品入库单　　　　　　　　　B.增值税专用发票

C.银行对账单　　　　　　　　　D.职工出差取得的车船票

【答案】A

【解析】产品入库单是本单位人员在存货入库时填制的,属于自制原始凭证。

二、原始凭证的基本内容

各个单位发生的经济业务事项复杂多样,记录和反映经济业务事项的原始凭证来源于不同渠道,原始凭证的内容、格式不尽相同。原始凭证的格式和内容因经济业务和经营管理的不同而有所差异,但应当具备以下基本内容(也称为原始凭证要素):

1. 原始凭证的名称,如"销售发票"、"入库单";

2. 填制凭证的日期,一般应当是经济业务事项发生或完成的日期;

3. 填制凭证单位名称或者填制人姓名;

4. 经办人员的签名或者盖章;

5. 接受凭证单位名称;

6. 经济业务内容;

7. 数量、单价和金额。

【例题6.多项选择题】下列各项中属于原始凭证内容的是( )。

A.原始凭证的名称　　　　　　　B.填制凭证的日期

C.填制凭证单位名称　　　　　　D.接受凭证单位名称

【答案】ABCD

【解析】本题考点为原始凭证的基本内容。

三、原始凭证的填制要求

1. 记录真实。

2. 内容完整。

3. 手续完备。

(1) 单位自制原始凭证必须有经办单位领导人或者其他指定人员签名盖章;

(2) 对外开出的原始凭证必须有本单位公章;

(3) 从外部取得的原始凭证,必须盖有填制单位的公章。

4. 书写清楚、规范。

5. 连续编号。

6. 不得涂改、刮擦、挖补。

7. 填制及时。

【例题7.多项选择题】原始凭证的填制，除了记录真实、内容完整、手续完备等基本要求外，还要求做到（　　）。

A.书写清楚规范　　　　　　　B.填制及时

C.编号连续　　　　　　　　　D.不得涂改、刮擦、挖补

【答案】ABCD

【解析】填制原始凭证的基本要求包括以下几个方面：记录真实；内容完整；手续完备；书写清楚、规范；连续编号；不得涂改、刮擦、挖补；填制要及时。

四、原始凭证的审核

1. 原始凭证的审核

（1）审核真实性

确定原始凭证是否虚假、是否存在伪造或者涂改等情况；核实原始凭证所反映的经济业务是否发生过，是否反映了经济业务事项的本来面目等。

（2）审核合法性

审核原始凭证所反映的经济业务事项是否符合国家有关法律、法规、政策和国家统一会计制度的规定；是否符合有关审批权限和手续的规定；是否符合单位的有关规章制度，有无违法乱纪、弄虚作假等现象。

【例题8.单项选择题】某公司会计人员在审核购货发票及材料入库单时发现，该批材料采购量过大，下列关于该原始凭证所反映的经济业务的说法中正确的是（　　）。

A.该原始凭证反映的经济业务不合法　B.该原始凭证反映的经济业务不合理

C.该原始凭证反映的经济业务不完整　D.该原始凭证反映的经济业务不正确

【答案】A

【解析】材料入库单时发现材料采购量过大，存在不符合有关审批权限和手续的情况，因此，原始凭证反映的经济业务事项存在不合法性，故A正确。

（3）审核合理性

以有关政策、法规、制度和计划合同等为依据，审查凭证所记录的经济业务是否符合有关规定。

（4）审核完整性

内容是否完整，手续是否齐备，应填项目是否齐全，填写方法、填写形式是否正确，有关签章是否具备等。

（5）审核正确性

摘要和数字是否填写清楚、正确，数量、单价、金额的计算有无错误，大写与小写金额是否相符。

（6）审核及时性

审核当期发生的经济业务是否都及时取得了原始凭证，对于处理不及时的原始凭证，应向经办部门和人员讲清楚，及时进行处理。

【例题9.多项选择题】为了如实反映经济业务的发生完成情况，充分发挥会计的监督职能，会计机构、会计人员必须对原始凭证进行严格审核。其审核的内容包括（　　）。

A.原始凭证的真实性、合法性　　　B.原始凭证的合理性、完整性

C.原始凭证的正确性　　　　　　　D.原始凭证的及时性

【答案】ABCD

【解析】原始凭证审核的内容包括：审核原始凭证真实性、合法性、合理性、完整性、正确性、及时性，故A、B、C、D正确。

2.原始凭证审核后的处理

（1）对于完全符合要求的原始凭证，应及时据以编制记账凭证入账；

（2）对于真实、合法、合理但内容不够完整，填写有错误或计算有错误的原始凭证，应退回给有关经办人员，由其负责将有关凭证补充完整、更正错误或重开后，再办理会计手续；

（3）对于不真实、不合法的原始凭证，会计机构和会计人员有权不予接受，并向单位负责人报告；

（4）对于弄虚作假、营私舞弊、欺骗上级等违法乱纪行为，应依据法律规定，坚决拒绝执行，并向有关方面反映情况。

【例题10.单项选择题】会计人员对原始凭证审核后的处理正确的是（　　）。

A.对于审核符合要求的原始凭证，应及时据以编制记账凭证登记入账

B.对于真实、合法、合理的原始凭证，但内容不够完整或填写不准确的，应拒绝接受，并向单位领导报告

C.对于不真实、不合法的原始凭证，应拒绝接受，并向单位负责人报告

D.对于真实、合法、合理的原始凭证，但内容不够完整或填写不准确的，应退回补充和更正

【答案】A

【解析】对于完全符合要求的原始凭证，应及时据以编制记账凭证入账；真实、合法、合理但内容不够完整，填写有错误的原始凭证应退回，补充完整、更正或重开后，再办理正式会计手续；对于不真实、不合法的原始凭证，会计机构、会计人员有权不予接受，并向单位负责人报告。

【考点三】记账凭证

一、记账凭证的种类

1. 按照用途可分为专用记账凭证和通用记账凭证
（1）专用记账凭证分为收款凭证、付款凭证和转账凭证
①收款凭证是指用以记录库存现金或银行存款增加业务的记账凭证。分为现金收款凭证和银行存款收款凭证。
②付款凭证是指用以记录库存现金或银行存款减少业务的记账凭证。分为现金付款凭证和银行存款付款凭证。
注意：对于涉及"库存现金"和"银行存款"之间的经济业务，为了避免重复记账，一般只编制付款凭证，不编制收款凭证。
③转账凭证是指用以记录库存现金和银行存款以外业务的会计凭证。
（2）通用记账凭证是指用来反映所有经济业务的记账凭证，为各类经济业务所共同使用，其格式与转账凭证基本相同。经济业务比较简单或收付款业务不多的企业，可以使用通用记账凭证。
【例题1.单项选择题】（   ）是指对全部业务不再区分收款、付款及转账业务，而将所有经济业务统一编号，在同一格式的凭证中进行记录。
A.单式凭证   B.复式凭证   C.通用记账凭证   D.原始凭证
【答案】C
【解析】通用记账凭证是用来反映所有经济业务的记账凭证，故选项C正确。
【例题2.单项选择题】某单位购入设备一台，价款100万元，用银行存款支付60万元，另40万元则签发了商业汇票。对这一经济业务，单位应编制的记账凭证为（   ）。
A.编制一张转账凭证   B.编制一张收款凭证
C.编制一张付款凭证   D.编制一张转账凭证和一张付款凭证
【答案】D
【解析】用银行存款支付款项编制付款凭证，签发商业汇票编制转账凭证，故D正确。

【例题3.单项选择题】下列对转账业务的表述中正确的是（　　　）。

A.转账业务不是会计所反映的内容

B.转账业务是直接引起库存现金或银行存款减少的业务

C.转账业务是直接引起库存现金或银行存款增加的业务

D.转账业务是指与货币资金收付无关的业务

【答案】D

【解析】转账业务是指不涉及库存现金和银行存款业务，故选项D正确。

2. 按照填列方式可分为单式记账凭证和复式记账凭证

（1）单式记账凭证是指只填列经济业务所涉及的一个会计科目及其金额的记账凭证。

（2）复式记账凭证是将每一笔经济业务所涉及的全部科目及其发生额均在同一张记账凭证中反映的一种凭证。

二、记账凭证的基本内容

1. 填制凭证的日期；

2. 凭证编号；

3. 经济业务摘要；

4. 会计科目；

5. 金额；

6. 所附原始凭证张数；

7. 填制凭证人员、稽核人员、记账人员、会计机构负责人、会计主管人员签名或者盖章。

【例题4.单项选择题】记账凭证的基本内容包括（　　　）。

A.填制凭证的日期　　　B.凭证编号　　　C.会计科目　　　D.所附原始凭证张数

【答案】ABCD

【解析】本题考点为记账凭证的基本内容。

三、记账凭证的填制要求

1. 记账凭证各项内容必须完整。

2. 记账凭证的书写应当清楚、规范。

3. 除结账和更正错账可以不附原始凭证外，其他记账凭证必须附原始凭证。

4. 记账凭证可以根据每一张原始凭证填制，或根据若干张同类原始凭证汇总填制，也可以根据原始凭证汇总表填制；但不得将不同内容和类别的原始凭证汇总填制在一张记账凭证上。

5. 记账凭证应连续编号。

6. 填制记账凭证时若发生错误，应当重新填制。

7. 记账凭证填制完成后，如有空行，应当自金额栏最后一笔金额数字下的空行处至合计数上的空行处划线注销。

【例题5.多项选择题】可以不附原始凭证的记账凭证有（　　　）。

A.一张原始凭证涉及到几张记账凭证时

B.更正错误的记账凭证

C.一张原始凭证需要有多个单位共同使用时

D.期末结账的记账凭证

【答案】BD

【解析】除结账和更正错账可以不附原始凭证外，其余记账凭证必须附原始凭证，故选项B、D正确。

四、记账凭证的审核

1. 内容是否真实：是否符合后附的原始凭证所反映的内容，内容是否真实。

2. 项目是否齐全：记账凭证中有关项目的填列是否完备，有关人员的签章是否完备。

3. 科目是否正确，应借应贷的会计科目和金额是否正确，账户的对应关系是否清晰、完整，核算内容是否符合会计制度的要求。

4. 金额是否正确。

5. 书写是否规范。

6. 手续是否完备。

【例题6.多项选择题】下列说法正确的是（　　　）。

A.记账凭证上的日期指的是经济业务发生的日期

B.对于涉及"库存现金"和"银行存款"之间的经济业务，一般只编制收款凭证

C.出纳人员不能直接依据有关收、付款业务的原始凭证办理收、付款业务

D.出纳人员必须根据经会计主管或其指定人员审核无误的收、付款凭证办理收、付款业务

【答案】CD

【解析】记账凭证上的日期是编制凭证的日期，故选项A错误；对于涉及"库存现金"和"银行存款"之间的经济业务，一般只编制付款凭证，故选项B错误；出纳人员必须根据经会计主管或其指定人员审核无误的收、付款凭证办理收、付款

业务, 故选项 CD 正确。

【考点四】会计凭证的传递和保管

一、会计凭证的传递

会计凭证的传递是指从会计凭证的取得或填制时起至归档保管过程中, 在单位内部有关部门和人员之间的传送程序。

二、会计凭证的保管

1. 会计凭证应定期装订成册, 防止散失。

从外单位取得的原始凭证遗失时, 应取得原签发单位盖有公章的证明, 并注明原始凭证的号码、金额、内容等, 由经办单位会计机构负责人、会计主管人员和单位负责人批准后, 才能代作原始凭证。若确实无法取得证明的, 如车票丢失, 则应由当事人写明详细情况, 由经办单位会计机构负责人、会计主管人员和单位负责人批准后, 代作原始凭证。

2. 会计凭证封面应注明单位名称、凭证种类、凭证张数、起止号数、年度、月份、会计主管人员、装订人员等有关事项, 会计主管人员和保管人员应在封面上签章。

3. 会计凭证应加贴封条, 防止抽换凭证。

原始凭证不得外借, 其他单位如有特殊原因确实需要使用时, 经本单位会计机构负责人、会计主管人员批准, 可以复制。向外单位提供的原始凭证复制件, 应在专设的登记簿上登记, 并由提供人员和收取人员共同签名、盖章。

4. 原始凭证较多时可单独装订。(同时在所属记账凭证上注明"附件另订"及原始凭证的编号和名称)

5. 每年装订成册的会计凭证, 在年度终了时可暂由单位会计机构保管一年, 期满后应当移交本单位档案机构统一保管; 未设立档案机构的, 应当在会计机构内部指定专人保管。出纳人员不得兼管会计档案。

6. 严格遵守会计凭证的保管期限要求, 期满前不得任意销毁。

需要注意的是, 出纳人员不得兼管会计档案。

【例题1.多项选择题】每年装订完成的会计凭证, 正确的保管方法有( )。

A.在年度终了后, 可暂由会计机构保管一年

B.会计机构保管一年期满后, 移交本单位档案机构统一保管

C.未设立档案机构的, 应当在会计机构内部指定专人保管

D.出纳人员不得兼管会计档案

【答案】ABCD

【解析】会计凭证在年度终了后，可暂由会计机构保管一年，然后移交本单位档案部门统一保管，未设立档案机构的，应当在会计机构内部指定专人保管，出纳人员不得兼管会计档案，保管期满前不得任意销毁，故上述四个选项都正确。

【例题2.判断题】从外单位取得的原始凭证如果丢失，可由当事人写出详细情况，代作原始凭证。（　　　）

【答案】×

【解析】从外单位取得的原始凭证遗失时，确实无法取得证明的，如车票丢失，则应由当事人写明详细情况，由经办单位会计机构负责人、会计主管人员和单位负责人批准后，代作原始凭证，故上述说法错误。

【同步练习】

一、单项选择题

1. 在一定时期内多次记录发生地同类型经济业务的原始凭证是（　　　）。
A. 一次凭证　　　B. 累计凭证　　　C. 汇总凭证　　　D. 通用凭证

2. 会计人员在审核原始凭证时发现有一张外来原始凭证金额出现错误，其正确的更正方法是（　　　）。
A. 由经办人员更正，并报单位负责人批准
B. 由出具单位更正，并在更正处加盖公章
C. 由审核人员更正，并报会计机构负责人审批
D. 由出具单位重新开具

3. 记账凭证按照其填列方式，可以分为（　　　）。
A. 收款凭证、付款凭证和转账凭证
B. 借项凭证和贷项凭证
C. 单式凭证和复式凭证
D. 一次凭证、累计凭证和汇总凭证

4. 下列哪项不是记账凭证的基本要素（　　　）。
A. 记账凭证的名称、日期、编号及经济业务摘要
B. 交易或事项涉及的会计科目、记账方向及金额
C. 记账标记及原始凭证附件

D. 单位负责人签章

5. 哪项不属于记账凭证审核的内容（　　）。

A. 真实性审核   B. 可比性审核

C. 技术性审核   D. 完整性审核

6. 限额领料单属于（　　）。

A. 累计原始凭证   B. 外来原始凭证

C. 汇总原始凭证   D. 一次原始凭证

7. 下列关于记账凭证填制的基本要求，不正确的是（　　）。

A. 记账凭证各项内容必须完整，并且应当连续编号

B. 填制记账凭证时若发生错误，应当重新填制

C. 记账凭证填制完经济业务事项后，如有空行，应当自金额栏最后一笔金额数字下的空行处至合计数上的空行处划线注销

D. 所有的记账凭证都必须附原始凭证

8. 原始凭证按照来源不同可以分为（　　）。

A. 一次凭证和累计凭证   B. 外来原始凭证和自制原始凭证

C. 通用凭证和专用凭证   D. 累计凭证和汇总凭证

9. 在采用收款凭证、付款凭证和转账凭证的情况下，涉及库存现金和银行存款之间的划转业务，按规定（　　）。

A. 只填收款凭证   B. 只填付款凭证

C. 既填收款凭证又填付款凭证   D. 只填转账凭证

10. 下列属于原始凭证的是（　　）。

A. 购货合同   B. 生产计划

C. 增值税专用发票   D. 银行对账单

11. 在一定时期内连续记载许多同类经济业务的会计凭证，称为（　　）。

A. 原始凭证汇总表   B. 累计凭证

C. 汇总记账凭证   D. 复式记账凭证

12. 对于库存现金和银行存款之间相互划转的经济业务，正确的会计处理是（　　）。

A. 既要编制付款凭证，又要编制收款凭证

B. 只编制收款凭证，不编制付款凭证

C. 只编制付款凭证，不编制收款凭证

D. 编制转账凭证

13. 企业外购一批材料已验收入库，货款已付，根据这笔业务的有关原始凭证应

该填制的记账凭证是（　　　）。

　　A. 收款凭证　　　　B. 付款凭证　　　　C. 转账凭证　　　　D. 累计凭证

14. 仓库领料的限额领料单属于（　　　）。

　　A. 一次凭证　　　　B. 累计凭证　　　　C. 收款凭证　　　　D. 付款凭证

15. 货币收付以外的业务应编制（　　　）。

　　A. 收款凭证　　　　B. 付款凭证　　　　C. 转账凭证　　　　D. 原始凭证

16. 下列选项中，属于自制原始凭证的是（　　　）。

　　A. 材料请购单　　　B. 购货合同　　　　C. 火车票　　　　　D. 收料单

17. 记账凭证上记账栏中的"√"记号表示的是（　　　）。

　　A. 已经登记入账　　B. 不需登记入账　　C. 此凭证作废　　　D. 此凭证编制正确

18. 为了分清会计事项处理的先后顺序，便于记账凭证和会计账簿之间的核对，确保记账凭证的完整无缺，填制记账凭证时，应当（　　　）。

　　A. 依据真实　　　　B. 日期正确　　　　C. 连续编号　　　　D. 简明扼要

19. 银行结算凭证是（　　　）。

　　A. 一次凭证　　　　B. 二次凭证　　　　C. 累计凭证　　　　D. 汇总原始凭证

20. 某企业以资本公积转增实收资本，会计人员对此项经济业务应该编制（　　　）。

　　A. 收款凭证　　　　B. 付款凭证　　　　C. 转账凭证　　　　D. 单式凭证

21. 关于会计凭证的归档保管，下列表述中错误的是（　　　）。

　　A. 每月记账完毕，应将会计凭证按顺序号排列，装订成册

　　B. 原始凭证不得外借

　　C. 从外单位取得的原始凭证遗失时，应由开具单位重开

　　D. 重要的原始凭证可以单独保管

22. 会计人员对原始凭证审核后的处理错误的是（　　　）。

　　A. 对于审核符合要求的原始凭证，应该及时据以编制记账凭证登记入账

　　B. 对于不真实、不合法的原始凭证，会计机构和会计人员有权不予接受，并向单位负责人报告

　　C. 对于真实、合法、合理但是内容不够完整的、填写错误的原始凭证，应该退回给有关经办人员处理

　　D. 对于真实、合法、合理但是内容不够完整或是填写错误的原始凭证应该拒绝接受，并向单位负责人报告

23. 下列关于原始凭证的书写表述有误的是（　　　）。

　　A. 大写金额到元或角或分为止的，后面要写"整"或"正"字

B. 填制原始凭证时，不得使用未经国务院公布的简化汉字

C. 汉字大写金额一律用正楷或行书字体书写

D. 人民币符号和阿拉伯数字之间不得留有空白

24. 下列表述错误的是（　　　）。

A. 外来原始凭证都是一次凭证

B. 自制原始凭证都是一次凭证

C. 累计凭证只含一张原始凭证

D. 累计凭证多次有效，可以填写多次

25. 会计凭证登账后的整理、装订和归档存查称为（　　　）。

A. 会计凭证的传递　　　　　　　　B. 会计凭证的保管

C. 会计凭证的编制　　　　　　　　D. 会计凭证的归档

二、多项选择题

1. 各种原始凭证必须具备的基本内容包括（　　　）。

A. 凭证名称、填制日期　　　　　　B. 接受原始凭证的单位名称

C. 经济业务内容　　　　　　　　　D. 填制单位签章

2. 原始凭证的填制，除了记录真实、内容完整、手续完备等基本要求外，还要求做到（　　　）。

A. 书写清楚规范　　　　　　　　　B. 填制及时

C. 编号连续　　　　　　　　　　　D. 不得涂改、刮擦、挖补

3. 记账凭证可以根据（　　　）编制。

A. 同一日期的所有原始凭证汇总　　B. 原始凭证汇总表

C. 若干张同一类别的原始凭证汇总　D. 每一张原始凭证

4. 可以不附原始凭证的记账凭证有（　　　）。

A. 一张原始凭证涉及到几张记账凭证时

B. 更正错误的记账凭证

C. 一张原始凭证需要有多个单位共同使用时

D. 期末结账的记账凭证

5. 下列各项中，对原始凭证的处理正确的是（　　　）。

A. 对于完全符合要求的原始凭证，应当及时编制记账凭证入账

B. 对于不真实、不合法的原始凭证，会计机构和会计人员有权不予接受，但不一定要向单位负责人报告

C. 对于真实、合法、合理，但内容不够完整、填写有错误的原始凭证，应退回

给有关经办人员

D. 对于不真实、不合法的原始凭证，会计机构和会计人员有权不予接受，并向单位负责人报告

6. 下列属于具有法律效力的原始凭证有（　　）。

A. 银行收付款通知单　　　　　B. 领料单

C. 生产通知单　　　　　　　　D. 经济合同

7. 下列原始凭证中，属于自制原始凭证的有（　　）。

A. 提货单　　　　　　　　　　B. 发出材料汇总表

C. 购货发票　　　　　　　　　D. 销售发票

8. 填制原始凭证时，符合书写要求的有（　　）。

A. 阿拉伯金额数字前面应当填写货币币种符号

B. 币种符号与阿拉伯金额之间不得留有空白

C. 大写金额有分的，分字后面要写"整"或"正"字

D. 汉字大写金额要以简化字代替

9. 在原始凭证上书写阿拉伯数字，正确的有（　　）。

A. 所有以元为单位的，一律填写到角分

B. 无角分的，角位和分位可写"00"，或者符号"—"

C. 有角无分的，分位应当写"0"

D. 有角无分的，分位也可以用符号"—"代替

10. 属于原始凭证的审核要求的是（　　）。

A. 支付款项的原始凭证必须有收款单位和收款人的收款证明

B. 支付款项的原始凭证可以仅以支付款项的有关凭证如银行汇款凭证等代替

C. 需入库的实物，必须填写入库验收单，由实物保管人员验收后在入库单上如实填写实收数额，并加盖印章

D. 不需入库的实物，除经办人员在凭证上签章外，必须交给实物保管人员或使用人员进行验收后在凭证上签章

11. 原始凭证填制要求（　　）。

A. 记录真实　　B. 内容完整　　C. 手续完备　　D. 书写清楚、规范

12. 属于审核原始凭证应注意的事项有（　　）。

A. 从外单位取得的原始凭证必须盖有填制单位公章

B. 自制原始凭证必须有经办部门和经办人员签名或盖章

C. 经济业务应当符合国家有关政策、法规、制度的规定

D. 原始凭证所记录经济业务应当符合会计主体经济活动的需要

13. 会计凭证按照编制的程序和用途不同，可分为（　　　）。

A. 记账凭证　　　　B. 原始凭证　　　　C. 汇总凭证　　　　D. 累计凭证

14. 下列对原始凭证的处理正确的是（　　　）。

A. 对于审核通过的原始凭证，要及时编制记账凭证

B. 对于有错误的原始凭证，应退回给经办人员

C. 退回的原始凭证由相关经办人员负责将有关凭证补充完整、更正错误或重开后，再办理正式会计手续

D. 对于不真实、不合法的原始凭证，会计机构和会计人员有权不予接受

15. 在对会计凭证进行保管时，应该注意的地方有（　　　）。

A. 会计凭证应定期装订成册，防止散失

B. 会计主管人员和保管人员应在封面上签章

C. 会计凭证上应加贴封条，防止抽换凭证

D. 原始凭证必须附在记账凭证后面

三、判断题

1. 正确填制和审核会计凭证，是会计核算的基本方法之一，也是会计核算工作的起点和基本环节。　　　　　　　　　　　　　　　　　　　　　　（　　）

2. 会计人员对不真实、不合法的原始凭证，应予退回，要求更正、补充。（　　）

3. 原始凭证记载的各项内容不得涂改。对于填制有误的原始凭证，原始凭证开具单位要负责更正或重新开具，不得拒绝。　　　　　　　　　　　　　（　　）

4. 新旧账有关账户之间转记余额，不必编制记账凭证。　　　　　　　（　　）

5. 在填制记账凭证时，可以只填会计科目的编号，不填会计科目名称，以简化记账凭证的编制。　　　　　　　　　　　　　　　　　　　　　　　（　　）

6. 原始凭证的审核内容不包括原始凭证的及时性。　　　　　　　　　（　　）

7. 记账凭证上的日期是经济业务发生的日期。　　　　　　　　　　　（　　）

8. 自制原始凭证仅指由本单位会计在执行或完成某项经济业务时填制的、仅供本单位内部使用的原始凭证。　　　　　　　　　　　　　　　　　　　（　　）

9. 转账凭证与收、付款凭证的不同点在于转账凭证左上角没有设置相关科目。

（　　）

10. 会计凭证，是记录经济业务、明确经济责任的书面证明，是登记账簿的依据。　　　　　　　　　　　　　　　　　　　　　　　　　　　　　　　（　　）

11. 收款凭证又分为现金收款凭证和银行存款收款凭证，应分别根据现金或银行存款付出的原始凭证填制。　　　　　　　　　　　　　　　　　　　　（　　）

12. 会计凭证的传递是指会计凭证从取得或填制时起至归档保管过程中，在单位内部会计部门和人员之间的传递程序。 （　　）

13. 收料单、领料单、工资费用分配表、折旧计算表属于通用凭证。 （　　）

14. 所有的记账凭证都必须附有相关的原始凭证。 （　　）

15. 原始凭证在任何情况下都应附在原始凭证的后面。 （　　）

第七章 会计账簿

【本章基本结构】

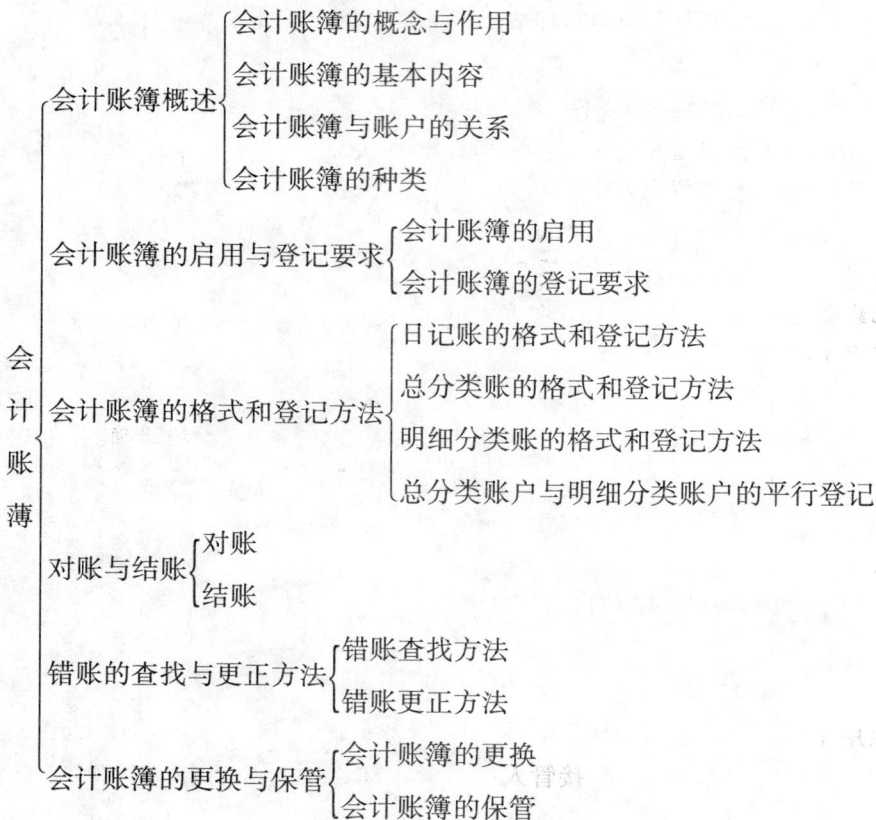

会计账簿
- 会计账簿概述
  - 会计账簿的概念与作用
  - 会计账簿的基本内容
  - 会计账簿与账户的关系
  - 会计账簿的种类
- 会计账簿的启用与登记要求
  - 会计账簿的启用
  - 会计账簿的登记要求
- 会计账簿的格式和登记方法
  - 日记账的格式和登记方法
  - 总分类账的格式和登记方法
  - 明细分类账的格式和登记方法
  - 总分类账户与明细分类账户的平行登记
- 对账与结账
  - 对账
  - 结账
- 错账的查找与更正方法
  - 错账查找方法
  - 错账更正方法
- 会计账簿的更换与保管
  - 会计账簿的更换
  - 会计账簿的保管

【考点内容精讲】

【考点一】 会计账簿概述

一、会计账簿的概念与作用

1. 会计账簿的概念

会计账簿是指由一定格式的账页组成的，以经过审核的会计凭证为依据，全面、系统、连续地记录各项经济业务的簿籍。设置和登记账簿，是编制财务报表的基础，是连接会计凭证和财务报表的中间环节。

2. 会计账簿的作用

（1）通过账簿的设置和登记，记载和储存会计信息。

（2）通过账簿的设置和登记，分类和汇总会计信息。

（3）通过账簿的设置和登记，检查和校正会计信息。

（4）通过账簿的设置和登记，编报和输出会计信息。

【例题1.多项选择题】会计账簿具有（　　）的作用。

A.记载会计信息　　B.储存会计信息　　C.汇总会计信息　　D.校正会计信息

【答案】ABCD

【解析】会计账簿具有记载和储存会计信息、分类和汇总会计信息、检查和校正会计信息、编报和输出会计信息的作用，故选项A、B、C、D均正确。

二、会计账簿的基本内容

1. 封面

封面用于表明账簿的名称，如库存现金日记账、银行日记账、总分类账、应收账款明细账等。

2. 扉页

扉页用于载明会计账簿的使用信息，其应填列的内容主要有：经管人员一览表、科目索引、移交人和移交日期、接管人和接管日期。

3. 账页

账页用来记录具体经济业务的载体，每张账页上应载明的主要内容包括：

（1）账户的名称，即会计科目、二级科目等；

（2）登账日期栏；

（3）记账凭证种类和号数栏；

（4）摘要栏，记录经济业务内容的简要说明；

（5）借方、贷方金额及余额的方向、金额栏；

（6）总页次和分页次等。

三、会计账簿与账户的关系

会计账簿是账户的表现形式，账簿与账户的关系是形式和内容的关系，两者既有区别又有联系。

（1）账户存在于账簿之中，账簿中的每一账页就是账户的具体存在形式和载体，没有账簿，账户就无法存在，没有账户也就没有所谓的账簿。

（2）账簿只是一个外在形式，账户才是它的实质内容。

【例题2.单项选择题】下列关于账簿与账户的关系表述，正确的有（　　　　）。

A.账户存在于账簿之中，没有账簿，账户就无法存在

B.账簿存在于账户之中，没有账户，账簿就无法存在

C.账户只是一个外在形式，账簿才是它的真实内容

D.账簿只是一个外在形式，账户才是它的真实内容

【答案】AD

【解析】账户存在于账簿之中，账簿中的每一账页就是账户的存在形式和信息载体。如果没有账户也就没有账簿；如果没有账簿，账户也无法存在。账簿只是一种外在形式，账户是它的真实内容，因此，选项A、D正确。

四、会计账簿的种类

1. 按用途分类

（1）序时账簿

序时账簿，又称日记账，是按照经济业务发生时间的先后顺序逐日、逐笔登记的账簿。序时账簿按其记录的内容，可分为普通日记账和特种日记账。库存现金日记账和银行存款日记账是特种日记账。

（2）分类账簿

分类账簿是按照会计要素的具体类别而设置的分类账户进行登记的账簿。账簿按其反映经济业务的详略程度，可分为总分类账簿和明细分类账簿。总账对所属的明细账起统驭作用，明细账对总账进行补充和说明。

（3）备查账簿

备查账簿，又称辅助登记簿或补充登记簿，是指对某些在序时账簿和分类账簿

中未能记载或记载不全的经济业务进行补充登记的账簿。备查账簿根据企业的实际需要设置，没有固定的格式要求。

【例题3.单项选择题】账簿按用途分类时，管理费用明细账属于（　　　）。

A.序时账簿　　　　B.分类账簿　　　　C.备查账簿　　　　D.订本账簿

【答案】B

【解析】账簿按用途分为序时账簿、分类账簿、备查账簿，分类账簿是对全部经济业务事项按照会计要素的具体类别而设置的分类账户进行登记的账簿，管理费用明细账属于分类账簿。

2. 按账页格式分类

（1）三栏式账簿

三栏式账簿是指设有借方、贷方和余额三个金额栏目的账簿，主要适用于各种日记账、总分类账以及资本、债权债务明细账等。

（2）多栏式账簿

多栏式账簿是指在账簿的两个金额栏目（借方和贷方）按需要分设若干专栏的账簿。收入、费用明细账一般均采用多栏式账簿。

（3）数量金额式账簿

数量金额式账簿是指在账簿的借方、贷方和余额三个栏目内，每个栏目再分设数量、单价和金额三小栏，借以反映财产物资的实物数量和价值量的账簿。原材料和库存商品、产成品等明细账一般采用数量金额式账簿。

（4）横线登记式账簿

横线登记式账簿又称平行式账簿，是指将前后密切相关的经济业务登记在同一行上，以便检查每笔业务的发生和完成情况的账簿。

【例题4.单项选择题】最适合用于登记存货的账簿是（　　　）。

A.两栏式账簿　　　　　　　　B.三栏式账簿

C.多栏式账簿　　　　　　　　D.数量金额式账簿

【答案】D

【解析】存货既要登记数量，又要登记金额，因此，最适合用于登记存货的账簿是数量金额式账簿。

3. 按外形特征分类

（1）订本式账簿

订本式账簿的优点包括：可以避免账页散失，防止账页被随意抽换，比较安全。

订本式账簿的缺点包括：由于账页固定，不能根据需要增加或减少，不便于按需要调整各账户的账页，也不便于分工记账。

订本式账簿一般用于重要的和具有统驭性的总分类账、库存现金日记账和银行存款日记账和总分类账必须采用订本账形式。

（2）活页式账簿

活页式账簿，简称活页账，是将一定数量的账页置于活页夹内，可根据记账内容的变化而随时增加或减少部分账页的账簿。

活页式账簿的优点包括：随时取放，便于账页的增加和重新排列，便于分工记账和记账工作电算化。

活页式账簿的缺点包括：账页容易散失和被随意抽换。

各种明细分类账一般采用活页式账簿。

（3）卡片式账簿

卡片式账簿，简称卡片账，是将一定数量的卡片式账页存放于专设的卡片箱中，可以根据需要随时增添账页的账簿。

卡片式账簿的优点包括：便于随时查阅，也便于按不同要求归类整理，不易损坏。

卡片式账簿的缺点包括：账页容易散失和随意抽换。

单位一般只对固定资产和低值易耗品等资产明细账采用卡片账形式。

【例题5.多项选择题】下列必须采用订本账的是（　　）。

A.总分类账　　　　　　　　　　B.明细分类账

C.库存现金日记账　　　　　　　D.银行存款日记账

【答案】CD

【解析】库存现金日记账和银行存款日记账以及总分类账必须采用订本账形式。

【例题6.单项选择题】下列账簿中，可以采用卡片式账簿的是（　　）。

A.日记账　　　　　　　　　　　B.固定资产总账

C.租入固定资产登记簿　　　　　D.固定资产明细账

【答案】D

【解析】固定资产和低值易耗品等资产明细账采用卡片账形式。

【考点二】会计账簿的启用与登记要求

一、会计账簿的启用

启用会计账簿时，应当做好以下工作：

（1）设置账簿的封面。

除订本账不另设封面以外，各种活页账都应设置封面和封底，并登记单位名称、账簿名称和所属会计年度。

（2）登记账簿启用及经管人员一览表。

在启用新会计账簿时，应首先填写在扉页上印制的"账簿启用及交接表"中的启用说明，其中包括单位名称、账簿名称、账簿编号、起止日期、单位负责人、主管会计、审计人员和记账人员等项目，并加盖单位公章。

（3）填写账户目录。

（4）粘贴印花税票。

【例题1.判断题】启用会计账簿时，都应设置封面和封底，并登记单位名称、账簿名称和所属会计年度。（　　　）

【答案】×

【解析】启用会计账簿时，除订本账不另设封面以外，各种活页账都应设置封面和封底，并登记单位名称、账簿名称和所属会计年度。

二、会计账簿的登记要求

（1）准确完整。

登记会计账簿时，应当将会计凭证日期、编号、业务内容摘要、金额和其他有关资料逐项记入账内，做到数字准确、摘要清楚、登记及时、字迹工整。

（2）注明记账符号。

登记完毕后，要在记账凭证上签名或者盖章，并注明已经登账的符号，表示已经记账，以免发生重记或漏记。

【例题2.单项选择题】记账人员根据记账凭证登记完毕账簿后，要在记账凭证上注明已经登账的符号，这主要是为了（　　　）。

A.明确记账责任　　　　　　　　B.避免错行或隔页
C.避免重记或漏记　　　　　　　D.防止凭证丢失

【答案】C

【解析】登记完毕后，要在记账凭证上签名或者盖章，并注明已经登账的符号，表示已经记账，以免发生重记或漏记。

（3）文字和数字必须整洁清晰，准确无误。

不要滥造简化字，不得使用同音异义字，不得写怪字体；数字一般应占格宽的1/2，以备按规定的方法改错。

（4）正常记账使用蓝黑墨水。

登记账簿要用蓝黑墨水或者碳素墨水书写，不得使用圆珠笔（银行的复写账簿除外）或者铅笔书写。

【例题3.多项选择题】登记账簿时，除银行的复写账簿外，不得使用（　　）。

A.蓝黑墨水　　　　B.碳素墨水　　　　C.圆珠笔　　　　D.铅笔

【答案】CD

【解析】会计账簿的记账规则要求登记账簿要用蓝黑墨水或者碳素墨水书写，不得使用圆珠笔（银行的复写账簿除外）或者铅笔书写，故选项C、D正确。

（5）特殊记账使用红墨水。

①按照红字冲账的记账凭证，冲销错误记录；

②在不设借贷等栏的多栏式账页中，登记减少数；

③在三栏式账户的余额栏前，如未印明余额方向的，在余额栏内登记负数余额；

④根据国家统一会计制度的规定可以用红字登记的其他会计记录。

【例题4.单项选择题】在登记账簿时，红色墨水不能用于（　　）。

A.更正错账　　　　B.记账　　　　C.结账　　　　D.冲账

【答案】C

【解析】会计上不能采用红字结账。

（6）顺序连续登记。

各种账簿按页次顺序连续登记，不得跳行、隔页。如果发生跳行、隔页，更不得随便更换账页和撤出账页，作废的账页也要留在账簿中，如果发生跳行、隔页，应当将空行、空页划线注销，或者注明"此行空白"、"此页空白"字样，并由记账人员签名或者盖章。

（7）结出余额。

凡需要结出余额的账户，结出余额后，应当在"借或贷"等栏内写明"借"或者"贷"等字样。没有余额的账户，应当在"借或贷"等栏内写"平"字，并在余额栏内用"0"表示。库存现金日记账和银行存款日记账必须逐日结出余额。

（8）过次承前。

每一账页登记完毕结转下页时，应当结出本页合计数及余额，写在本页最后一行和下页第一行有关栏内，并在摘要栏内注明"过次页"和"承前页"字样。

【例题5.判断题】账页记满时，可以将本页合计数及金额只写在下页第一行有关栏内，并在摘要栏内注明"承前页"以保持记账的衔接连续性。（　　）

【答案】√

【解析】每一账页登记完毕结转下页时，应当结出本页合计数及余额，写在本页最后一行和下页第一行有关栏内，并在摘要栏内注明"过次页"和"承前页"字样，也可以将本页合计数及金额只写在下页第一行有关栏内，并在摘要栏内注明"承前页"字样。

（9）不得涂改、刮擦、挖补。

【例题6.多项选择题】下列符合登记会计账簿基本要求的是（　　　）。

A.文字和数字的书写应占格距的1/3

B.一般不得使用圆珠笔书写

C.应连续登记，不得跳行、隔页

D.无余额的账户，在"借或贷"栏内写"平"

【答案】BCD

【解析】选项A"文字和数字的书写应占格距的1/3"不符合登记会计账簿基本要求，应占格距的1/2。

【考点三】 会计账簿的格式和登记方法

一、日记账的格式和登记方法

1. 库存现金日记账的格式与登记方法

库存现金日记账是用来核算和监督库存现金日常收、付和结存情况的序时账簿。库存现金日记账的格式主要有三栏式和多栏式两种。

（1）三栏式库存现金日记账是用来登记库存现金的增减变动及结果的日记账。设借方、贷方和余额三个金额栏目，一般将其分别称为收入、支出和结余三个基本栏目。

（2）三栏式库存现金日记账是由出纳人员根据库存现金收款凭证、库存现金付款凭证以及银行存款的付款凭证，按照库存现金收、付款业务和银行存款付款业务发生时间的先后顺序逐日逐笔登记。

【例题1.单项选择题】从银行提取现金，登记库存现金日记账的依据是（　　　）。

A.库存现金收款凭证　　　　　　　　B.银行存款收款凭证

C.库存现金付款凭证　　　　　　　　D.银行存款付款凭证

【答案】D

【解析】涉及现金和银行存款的业务应编制付款凭证，因此，从银行提取现金根据银行存款的付款凭证登记。

2. 银行存款日记账的格式与登记方法

（1）银行存款日记账是用来核算和监督银行存款每日的收入、支出和结余情况的账簿。银行存款日记账应按企业在银行开立的账户和币种分别设置，每个银行账户设置一本日记账。

（2）银行存款日记账由出纳人员根据银行存款收款凭证和有关的库存现金付款凭证登记银行存款收入栏，根据银行存款付款凭证登记其支出栏，每日结出存款余额。

各单位都应当设置库存现金日记账和银行存款日记账；库存现金日记账和银行存款日记账必须采用订本式账簿。

【例题2.多项选择题】银行存款日记账是根据（　　　）逐日逐笔登记的。

A.库存现金收款凭证　　　　　　B.相关的库存现金付款凭证

C.银行存款收款凭证　　　　　　D.银行存款付款凭证

【答案】BCD

【解析】银行存款日记账由出纳人员根据银行存款的收、付款凭证，库存现金的付款凭证，逐日逐笔顺序登记，故选项B、C、D正确。

二、总分类账的格式和登记方法

1. 总分类账的格式

总分类账的账页格式有三栏式和多栏式两种。最常用的格式为三栏式。所有单位都要设置总分类账，总分类账必须采用订本账。

2. 总分类账的登记方法

总分类账登记的依据和方法，主要取决于所采用的账务处理程序。登账的依据为：

（1）记账凭证逐笔登记；

（2）科目汇总表；

（3）汇总记账凭证。

三、明细分类账的格式和登记方法

1. 明细分类账的格式

（1）三栏式：适合于那些只需要进行金额核算，不需要进行数量核算的债权、债务结算科目，如应收账款、应付账款等科目的明细分类核算。

（2）多栏式：适用于收入费用类科目的明细核算，如生产成本、管理费用、营业外收入、利润分配等科目的明细分类核算。

（3）数量金额式：适用于既要进行金额核算又要进行数量核算的账户，如原材料、产成品等科目的明细分类核算。

（4）横线登记式：将每一相关的业务登记在一行，从而可依据每一行各个栏目的登记是否齐全来判断该项业务的进展情况。该明细分类账适用于登记材料采购业务、应收票据和一次性备用金业务。

2. 明细分类账的登记方法

（1）登记账簿的依据包括记账凭证、原始凭证、汇总原始凭证。

（2）登记账簿的方法。

逐日逐笔登记，适用于债权债务等明细账。

逐日逐笔登记或定期汇总登记适用于库存商品、原材料、产成品明细账以及收入、费用明细账。

【例题3.多项选择题】明细账登记的依据（　　　）。

A.原始凭证　　　　B.汇总原始凭证　　　C.记账凭证　　　　D.总分类账

【答案】ABC

【解析】登记账簿的依据包括记账凭证、原始凭证、汇总原始凭证，故选项A、B、C正确。

【例题4.多项选择题】下列必须逐日逐笔登记明细账的是（　　　）。

A.原材料　　　　B.应收账款　　　　C.应付账款　　　　D.管理费用

【答案】BC

【解析】债权债务明细账必须逐日逐笔登记，故选项B、C正确。

四、总分类账户与明细分类账户的平行登记

1. 总分类账户与明细分类账户的关系

总分类账户是所属明细分类账户的统驭账户，对所属明细分类账户起着控制作用；明细分类账户则是总分类账户的从属账户，对其所隶属的总分类账户起着辅助作用。

2. 总分类账户与明细分类账户平行登记的要点

（1）方向相同；

（2）期间一致；

（3）金额相等。

【例题5.多项选择题】总分类账户与明细分类账户平行登记的要点是（　　　）。

A.方向相同　　　B.期间一致　　　C.金额相等　　　　D.科目相同

【答案】ABC

【考点四】 对账与结账

一、对账

1. 对账的概念

对账就是核对账目，是对账簿记录所进行的核对工作。

对账工作一般在月末进行，即在记账之后、结账之前进行对账，对账工作的目的就是要做到账证相符、账账相符、账实相符。

2. 对账的内容

（1）账证核对

核对会计账簿记录与原始凭证、记账凭证的时间、凭证字号、内容、金额是否一致，记账方向是否相符。一般是在日常编制凭证和记账过程中进行，检查所记账目是否正确。

（2）账账核对

①总分类账簿有关账户的余额核对。

②总分类账簿与所属明细分类账簿核对。

③总分类账簿与序时账簿核对。

④明细分类账簿之间的核对。

（3）账实核对

①库存现金日记账账面余额与库存现金数额是否相符。库存现金日记账账面余额应每天同库存现金实际库存数相核对。

②银行存款日记账账面余额与银行对账单的余额是否相符。银行存款日记账的账面余额，应同开户银行寄送企业的银行对账单相核对，一般至少一月核对一次。

③各项财产物资明细账账面余额与财产物资的实有数额是否相符。

④有关债权、债务明细账账面余额与对方单位的账项记录是否相符。

【例题1.单项选择题】对账时，账账核对不包括（　　）。

A.总账各账户的余额核对　　　　　　B.总账与明细账之间的核对

C.总账与备查账之间的核对　　　　　D.总账与日记账的核对

【答案】C

【解析】账账核对包括总分类账簿有关账户的余额核对、总分类账簿与所属明细分类账簿核对、总分类账簿与序时账簿核对、明细分类账簿之间的核对，不包括总账与备查账之间的核对。

【例题2.多项选择题】对账的内容包括（　　）。

A.证证核对　　　　B.账证核对　　　　C.账账核对　　　　D.账实核对

【答案】BCD

【解析】对账的内容包括账证核对、账账核对、账实核对。

【例题3.多项选择题】账证核对内容有（　　　）。

A.核对会计账簿与原始凭证、记账凭证时间是否一致

B.核对会计账簿与原始凭证、记账凭证字号是否一致

C.核对会计账簿与原始凭证、记账凭证内容是否一致

D.核对会计账簿与原始凭证、记账凭证金额是否一致

【答案】ABCD

【解析】账证核对是核对会计账簿记录与原始凭证、记账凭证的时间、凭证字号、内容、金额是否一致，记账方向是否相符，故选项A、B、C、D均正确。

二、结账

1. 结账的内容

（1）结清各种损益类账户，并据以计算确定本期利润；

（2）结出各资产、负债和所有者权益账户的本期发生额合计和期末余额。

2. 结账的程序

结账就是在会计期末（月末、季末、年末）将本期内所有发生的经济业务全部登记入账以后，计算出本期发生额和期末余额。

（1）将本期发生的经济业务事项全部登记入账，并保证其正确性；

（2）根据权责发生制的要求，调整有关账项，合理确定本期应计的收入和应计的费用；

（3）将损益类科目转入"本年利润"科目，结平所有损益类科目；

（4）结算出资产、负债和所有者权益科目的本期发生额和余额，并结转下期，作为下期的期初余额。

3. 结账的方法

（1）对于不需要按月结计发生额的账户，每次记账以后，都要随时结出余额，月末结账时，只需在最后一笔经济业务事项记录之下通栏划单红线，不需要再结计一次余额。

（2）库存现金、银行存款日记账和需要按月结发生额的收入费用等明细账，每月结账时，要结出本月发生额和余额，在摘要栏注明"本月合计"，并在下面通栏划单红线。

（3）需要结计本年累计发生额的某些明细账户，12月末的"本年累计"就是全

年累计发生额，全年累计发生额下通栏划双红线。

（4）总账账户平时只需要结出月末余额。年终结出全年发生额和余额，摘要注明"本年合计"并在其下通栏划双红线。

（5）年度终了有余额的要将余额转入下年，新旧账有关账户之间转记余额，不必编制记账凭证。

【例题4.单项选择题】属于结账包括的内容有（   ）。

A.结清各损益类账户，并据以计算确定本期利润

B.结清各资产账户，分别结出本期发生额合计和余额

C.结清各负债账户，分别结出本期发生额合计和余额

D.结清各所有者权益账户，分别结出本期发生额合计和余额

【答案】ABCD

【解析】结账包括将损益类科目转入"本年利润"科目，结平所有损益类科目；结算出资产、负债和所有者权益科目的本期发生额和余额，并结转下期，作为下期的期初余额，故选项A、B、C、D均正确。

【例题5.多项选择题】下列会计事项处理时，不必编制记账凭证的是（   ）。

A.期末将"主营业务收入"结转入"本年利润"

B.期末将"主营业务收入"账户更换新账簿，新旧账之间转记余额

C.期末将"制造费用"结转入"生产成本"账户

D.年度终了结账时，有余额的账户，将余额结转下年

【答案】BD

【解析】年度终了有余额的要将余额转入下年，新旧账有关账户之间转记余额，不必编制记账凭证。

【例题6.多项选择题】结账时，正确的做法是（   ）。

A.结出当月发生额的，在"本月合计"下面通栏划单红线

B.结出本年累计发生额的，在"本年累计"下面通栏划单红线

C.12月末，结出全年累计发生额的，在下面通栏划单红线

D.12月末，结出全年累计发生额的，在下面通栏划双红线

【答案】ABD

【解析】结账时，当月发生的"本月合计"、"本年累计"下面通栏划单红线，12月末，全年累计发生额下通栏划双红线，选项A、B、D做法正确。

【考点五】错账的查找与更正方法

一、错账查找方法

（1）差数法，是指按照错账的差数查找错账的方法。

（2）尾数法，是指对于发生的差错只查找末位数，以提高查错效率的方法。这种方法适合于借贷方金额其他位数都一致，而只有末位数出现差错的情况。

（3）除2法，是指以差数除以2来查找错账的方法。当某个借方金额错记入贷方（或相反）时，出现错账的差数表现为错误的2倍，将此差数用2去除，得出的商即是反向的金额。

（4）除9法，是指以差数除以9来查找错账的方法，适用于数字写小、数字写大、邻数颠倒的情况。

【例题1.多项选择题】下列属于错账查找方法的是（　　）。

A.差数法　　　　B.尾数法　　　　C.除2法　　　　D.除9法

【答案】ABCD

【解析】错账查找的方法有差数法、尾数法、除2法、除9法四种，故选项A、B、C、D均正确。

二、错账更正方法

1. 划线更正法

在结账前发现账簿记录有文字或数字错误，而记账凭证没有错误，采用划线更正法。

2. 红字更正法

红字更正法，适用于以下两种情形：

（1）记账后发现记账凭证中的应借、应贷会计科目有错误所引起的记账错误。

（2）记账后发现记账凭证和账簿记录中应借、应贷会计科目无误，只是所记金额大于应记金额所引起的记账错误。

3. 补充登记法

记账后发现记账凭证和账簿记录中应借、应贷会计科目无误，只是所记金额小于应记金额时，采用补充登记法。

【例题2.单项选择题】下列不属于错账的更正方法的是（　　）。

A.顺查法　　　　B.划线更正法　　　　C.红字更正法　　　　D.补充更正法

【答案】A

【解析】错账的更正方法包括划线更正法、红字更正法、补充更正法，顺查法是错账的查找方法。

【例题3.单项选择题】某企业收回应收账款9 000元，在填制记账凭证时，误将金额记为900元，并已登记入账，上述错误更正时应编制的会计分录为（   ）。

    A.借：银行存款   8 100

          贷：应收账款   8 100

    B.借：银行存款   −8 100

          贷：应收账款   −8 100

    C.借：应收账款   900

          贷：银行存款   900

    D.借：银行存款   900

          贷：应收账款   900

【答案】A

【解析】记账凭证没有错误，金额小于应记金额，适用补充登记法，补记一张金额为8 100元的凭证，选项A正确。

【例题4.单项选择题】下列账簿记录情况中，可以用划线更正法更正错误的是（   ）。

    A.在结账前发现账簿记录有文字或数字错误，而记账凭证没有错

    B.登账后发现记账凭证中会计科目发生错误

    C.登账后发现记账凭证中科目正确但所记金额小于应记金额

    D.登账后发现记账凭证中应借、应贷方向发生错误

【答案】A

【解析】账簿记录有错误，而记账凭证并无错误，只是过账时不慎，纯属账簿记录中的文字或数字的笔误，可采用划线更正法予以更正，故选项A正确。

【例题5.单项选择题】收回货款1 500元存入银行，记账凭证中误将金额填为15 000元，并已登记入账。错账更正的方法有（   ）。

    A.用红字更正法更正

    B.用蓝字借记"银行存款"账户1 500元，贷记"应收账款"账户1 500元

    C.用红字借记"应收账款"账户15 000元，贷记"银行存款"账户15 000元

    D.用红字借记"银行存款"账户13 500元，贷记"应收账款"账户13 500元

【答案】AD

【解析】红字更正法适用于记账后，发现记账凭证和账簿中所记金额大于应记金额，而应借、应贷的会计科目并无错误，本题用红字冲减多记金额13 500元，故

选项 A、D 正确。

【考点六】会计账簿的更换与保管

一、会计账簿的更换

会计账簿的更换通常在新会计年度建账时进行。

（1）总账、日记账和多数明细账应每年更换一次；

（2）变动较小的明细账，如财产物资明细账和债权债务明细账，可以连续使用，不必每年更换；

（3）固定资产卡片等卡片式账簿以及备查账簿可以连续使用。

【例题1.判断题】固定资产明细账不必每年更换，可以连续使用。（　　）

【答案】√

【解析】固定资产卡片等卡片式账簿以及备查账簿可以连续使用，故上述说法正确。

二、会计账簿的保管

（1）账簿日常应由各自分管的记账人员专门保管，未经领导和单位负责人或有关人员批准，不许非经管人员翻阅、查看、摘抄和复制；

（2）年度终了，各种账户在结转下年，建立新账后，一般都要把旧账送交主管会计集中统一管理；

（3）会计账簿暂由本单位财务会计部门保管一年，期满之后，由财务会计部门编造清册移交本单位的档案部门保管。

【例题2.判断题】年度终了，各种账户在结转下年，建立新账后，一般都要把旧账送交主管会计集中统一管理。（　　）

【答案】√

【解析】年度终了，各种账户在结转下年，建立新账后，一般都要把旧账送交主管会计集中统一管理，故上述说法正确。

【同步练习】

一、单项选择题

1. 费用明细账比较适合使用的账簿格式是（　　）。

A. 两栏式账簿　　B. 三栏式账簿　　C. 多栏式账簿　　D. 数量金额式账簿

2. 记账后发现记账凭证填写的会计科目无误，只是所登记的金额大于应记金额，应采用的错账更正方法为（　　）。

A. 涂改法　　B. 红线更正法　　C. 红字更正法　　D. 补充登记法

3. 下列会计账簿中，可以跨年度连续使用的是（　　）。

A. 总账　　B. 日记账　　C. 固定资产卡片账D. 费用明细帐

4. 哪项不是总分类账户与明细分类账户的平行登记要点（　　）。

A. 依据相同　　B. 方向相同　　C. 金额相等　　D. 账簿相同

5. 下列明细分类账户中，可以采用数量金额式的是（　　）明细分类账。

A. 管理费用　　B. 应付账款　　C. 库存商品　　D. 长期待摊费用

6. （　　）是按照经济业务发生先后顺序逐日逐笔登记的账簿。

A. 分类账　　B. 明细账　　C. 序时账　　D. 备查账

7. 对所属的明细分类科目起统驭作用的会计科目是（　　）。

A. 三级科目　　B. 一级科目　　C. 二级科目　　D. 明细科目

8. 下列适合采用多栏式明细账核算的是（　　）。

A. 应收账款　　B. 实收资本　　C. 应付账款　　D. 生产成本

9. 不需要在会计账簿扉页上的启用表中填列的内容是（　　）。

A. 账簿页数　　B. 记账人员　　C. 账户名称　　D. 启用日期

10. （　　）一般不需要采用订本式账簿。

A. 总分类账　　　　　　B. 库存现金日记账

C. 银行存款日记账　　　　D. 明细分类账

11. 在下列有关账项中，不属于账账核对内容的是（　　）。

A. 银行存款日记账余额与银行对账单余额核对

B. 银行存款日记账余额与总账余额核对

C. 总账账户借方发生额合计与其明细账借方发生额合计的核对

D. 总账账户贷方余额合计与其明细账贷方余额合计的核对

12. 库存现金日记账和银行存款日记账属于（　　）。

A. 序时账　　B. 分类账　　C. 备查账　　D. 总账

13. 账簿按（　　）分为订本账、活页账和卡片账。

A. 经济用途　　B. 经济内容　　C. 外形特征　　D. 账页格式

14. 属于账账核对的是（　　）。

A. 总分类账户余额与会计报表的核对

B. 各种账簿记录与各种汇总表的核对

C. 银行存款日记账账面余额与银行对账单的核对

D. 财务部门的各种财产物资明细分类账期末余额与财产物资保管和使用部门的财产物资明细账结存数的核对

15. 登记账簿时，下列做法错误的是（　　）。

A. 文字和数字应紧靠行格底线书写，只占格距的三分之二

B. 不能使用铅笔或圆珠笔记账

C. 使用红字冲销记录错误

D. 在发生的空白页面上注明"此页空白"

16. 下列表述有误的是（　　）。

A. 对于不需按月结计本期发生额的账户，月末结账时，需要在最后一笔经济业务事项记录之下通栏划单红线，并结计余额

B. 库存现金日记账每月结账时，要同时结出本月发生额和余额

C. 12 月末的"本年累计"就是全年累计发生额，全年累计发生额下通栏划双红线

D. 年终结账时，本年合计数下要划通栏双红线

17. 下列说法正确的是（　　）。

A. 已经登记入账的记账凭证，在当年内发现填写错误时，直接用蓝字重新填写一张正确的记账凭证即可

B. 发现以前年度记账凭证有错误的，可以用红字填写一张与原内容相同的记账凭证，再用蓝字重新填写一张正确的记账凭证

C. 如果会计科目没有错误只是金额错误，也可以将正确数字与错误数字之间的差额，另填制一张调整的记账凭证，调增金额用蓝字，调减金额用红字

D. 发现以前年度记账凭证有错误的，应当用蓝字填制一张正确的记账凭证

18. 下列适合采用多栏式明细账格式核算的是（　　）。

A. 原材料　　　　　B. 制造费用　　　　C. 应付账款　　　　D. 库存商品

19. 下列会计账户中，应采用三栏式明细账的是（　　）。

A. 生产成本明细账　　　　　　　　　B. 应付账款明细账

C. 主营业务收入明细账　　　　　　　D. 在途物资明细账

20. 登记账簿时，错误的做法是（　　）。

A. 文字和数字的书写占格距的二分之一

B. 发生的空行、空页一定要补充书写

C. 用红字冲销错误记录

D. 在发生的空页上注明"此页空白"

21. 以下各项不是对账的内容的是（　　）。

A. 账证核对　　　B. 账账核对　　　C. 账实核对　　　D. 证证核对

22. 银行存款日记账属于（　　）。

A. 总分类账　　　B. 明细分类账　　　C. 特种日记账　　　D. 普通日记账

23. 会计人员在填制会计凭证时，误将 214 元错记为 244 元，但会计科目填制正确，对此种错误，应该采用的更正方法是（　　）。

A. 划线更正法　　　B. 红线更正法　　　C. 红字更正法　　　D. 补充登记法

24. 企业会计人员在计提生产用固定资产折旧 9 000 元时，错误登记为：借记"管理费用" 9 000，贷记"累计折旧" 9 000。对此，会计人员应该采用的更正方法为（　　）。

A. 重新编制会计凭证　　　　　　　B. 补充登记法

C. 红字更正法　　　　　　　　　　D. 划线更正法

25. （　　）是指核对账目，对账簿记录的正确与否进行核对工作。

A. 查账　　　　　B. 记账　　　　　C. 对账　　　　　D. 入账

26. 结账时，应当划通栏双红线的是（　　）。

A. 结出当月发生额后

B. 各个月末结出本年累计发生额后

C. 12 月末结出全年累计发生额后

D. 结出本季累计发生额后

27. 租入固定资产登记账簿属于（　　）。

A. 序时账　　　　B. 明细分类账　　　C. 总分类账　　　D. 备查账

28. 将账簿划分为序时账簿、分类账簿、备查账簿的依据是（　　）。

A. 账簿的登记方式　　　　　　　　B. 账簿的用途

C. 账簿登记的内容　　　　　　　　D. 账簿的外形特征

29. 在用划线更正法进行更正时，正确的文字或数字填写在被注销文字或数字的（　　）。

A. 左方　　　　　B. 右方　　　　　C. 上方　　　　　D. 下方

30. 库存现金日记账和银行存款日记账应该采用（　　）。

A. 订本式账簿　　　B. 三栏式账簿　　　C. 卡片式账簿　　　D. 活页式账簿

31. 会计期末，会计部门与财产物资保管和使用部门对相关财产物资的明细分类账期末余额进行核对的行为属于（　　）。

A. 账账核对　　　B. 账证核对　　　C. 账实核对　　　D. 账表核对

32. 下列关于总账的登记方法，说法错误的是（　　）。

A. 总分类账的登记方法取决于账务处理程序

B. 总分类账可以根据汇总记账凭证登记

C. 总分类账可以根据科目汇总表登记

D. 总分类账不可根据记账凭证直接登记

33. 下列会计账簿中，不是每年必须更换的是（　　）。

A. 总账　　　　　　　　　　B. 日记账

C. 变动较大的明细账　　　　D. 备查账簿

34. 银行存款日记账的期末余额和总分类账的银行存款期末余额之间的核对属于账账核对的（　　）。

A. 总分类账簿有关账户的余额核对

B. 总分类账簿与所属明细分类账簿核对

C. 总分类账簿与序时账簿核对

D. 明细分类账簿之间的核对

35. 在结账之前，如果发现账簿记录有错误，而记账凭证填制正确，更正时可用（　　）。

A. 红字更正法　　B. 划线更正法　　C. 补充登记法　　D. 更换账页法

二、多项选择题

1. 下列不适于建立备查账的是（　　）。

A. 租入的固定资产　　　　　B. 购入材料

C. 委托加工材料　　　　　　D. 购入的固定资产

2. 必须采用订本式账簿的是（　　）。

A. 库存现金日记账　　　　　B. 固定资产明细账

C. 银行存款日记账　　　　　D. 管理费用总账

3. 银行存款日记账的登记依据有（　　）。

A. 银行存款收支的原始凭证　　B. 银行存款收款凭证

C. 银行存款付款凭证　　　　　D. 库存现金付款凭证

4. 库存现金日记账和银行存款日记账（　　）。

A. 一般采用订本式账簿和三栏式账页

B. 由会计登记

C. 根据审核后的收、付款记账凭证登记

D. 按时间先后顺序逐日逐笔进行登记

5. 下列可以作为库存现金日记账借方登记的依据的是（　　）。

A. 库存现金收款凭证　　　　　　　　B. 库存现金付款凭证

C. 银行存款收款凭证　　　　　　　　D. 银行存款付款凭证

6. 可以采用三栏式明细分类账核算的是（　　　）。

A. 原材料　　　　B. 实收资本　　　　C. 生产成本　　　　D. 短期借款

7. 符合登记账簿要求的有（　　　）。

A. 为防止篡改，文字书写占满格

B. 数字书写一般占格距的 1/2

C. 将登记中不慎出现的空页划线注销

D. 根据红字冲账的记账凭证，用红字冲销错误的记录

8. 结账时，应当划通栏双红线的是（　　　）。

A. 12 月末结出全年累计发生额后　　　　B. 各月末结出本年累计发生额后

C. 结出本季累计发生额后　　　　　　　D. 总账账户年终结账时

9. 下列账簿中，通常采用三栏式账页格式的有（　　　）。

A. 库存现金日记账　　　　　　　　B. 银行存款日记账

C. 总分类账　　　　　　　　　　　D. 管理费用明细账

10. 下列各项中关于会计账簿的基本内容中，说法正确的有（　　　）。

A. 账簿的封面主要注明账簿的名称

B. 账簿的扉页主要用来标明会计账簿的使用信息

C. 账簿的账页是用来记录经济业务事项的载体

D. 账簿的账页格式因反映经济业务内容的不同而不同

11. 账簿记录如果发生错误，可以采用的方法有（　　　）。

A. 重新抄写　　　　B. 划线更正法　　　　C. 红字更正法　　　　D. 补充登记法

12. 下列账簿应每年更换一次的是（　　　）。

A. 总账　　　　B. 日记账　　　　C. 多数明细账　　　　D. 备查账簿

13. 下列各项中，关于会计账簿的更换与保管说法正确的是（　　　）。

A. 会计账簿的更换通常在新会计年度建账时进行

B. 总账、多数明细账和日记账应每年更换一次

C. 备查账簿可以连续使用

D. 会计账簿暂由本单位财务会计部门保管 1 年，期满以后，移交档案部门保管

14. 下列各项中，关于账证核对的说法正确的是（　　　）。

A. 账证核对是对会计账簿记录与原始凭证、记账凭证的各项内容进行核对

B. 通常在日常编制凭证和记账过程中进行

C. 是追查会计记录正确与否的最终途径

D. 如果账账不符，可以将账簿记录与有关会计凭证进行核对

15. 下列各项中，属于账实核对的有（　　）。

A. 银行存款日记账账面余额与银行对账单的核对

B. 库存现金日记账账面余额与实存数的核对

C. 各种应收、应付款项明细账余额与有关债务人、债权人相关账面余额的核对

D. 各种财产物资明细账账面余额与实存数的核对

16. 按账页格式分类，会计账簿可以分为（　　）。

A. 两栏式账簿　　　　　　　　　B. 三栏式账簿

C. 多栏式账簿　　　　　　　　　D. 数量金额式账簿

17. 如果账簿按照账页格式分类，（　　）适合作为库存现金日记账使用。

A. 三栏式　　　　B. 多栏式　　　　C. 订本账　　　　D. 特种日记账

18. 关于银行日记账和库存现金日记账在格式和登记方法的相同的地方有（　　）。

A. 都是由出纳人员登记

B. 都是按时间顺序登记

C. 逐日结出余额

D. 对于库存现金存入银行业务，填制库存现金付款凭证或银行存款收款凭证均可

19. 下列关于结账说法正确的是（　　）。

A. 本期发生的经济业务事项都要登记入账

B. 为了赶编财务报表，可以提前结账

C. 本期的应计收益应确认为本期收入

D. 损益类科目转入"本年利润"科目

20. 以下关于会计账簿的启用的说法中，正确的有（　　）。

A. 启用会计账簿时，应当在账簿封面上写明单位名称和账簿名称

B. 启用会计账簿时，无须在账簿扉页上附启用表

C. 启用订本式账簿应当从第一页到最后一页顺序编定页数，不得跳页、缺号

D. 使用活页式账页应当按账户顺序编号，并须定期装订成册；装订后再按实际使用的账页顺序编定页码，另加目录，记明每个账户的名称和页次

三、判断题

1. 使用订本账时，要为每一账户预留若干空白账页。（　　）

2. 对于明细账的核算，除用货币计量反映经济业务外，必要时还需要用实物计量或劳动计量单位从数量和时间上进行反映，以满足经营管理的需要。（　　）

3. 会计账簿是指由一定格式账页组成的，以经过审核的会计凭证为依据，全面、系统、连续地记录各项经济业务的簿籍。 （　　）

4. 结账是指年度终了时，为了编制会计报表而进行的一项将账簿记录结算清楚的账务工作。 （　　）

5. 受托加工来料不必在账簿中登记。 （　　）

6. 单位为了将本期与下期的会计记录分开，结账时一般划结账线，月结划单红线，年结划双红线。划线只在账页中的金额部分划线。 （　　）

7. 登记账簿要用蓝黑墨水或者碳素墨水书写，绝对不得使用圆珠笔或者铅笔书写。 （　　）

8. 登记账簿时，发生的空行、空页一定要补充书写，不得注销。 （　　）

9. 原材料明细账的每一账页登记完毕结转下页时，可以只将每页末的余额结转次页，不必将本页的发生额结转次页。 （　　）

10. 新旧账有关账户之间转记余额，不必编制记账凭证。 （　　）

第八章　账务处理程序

【本章基本结构】

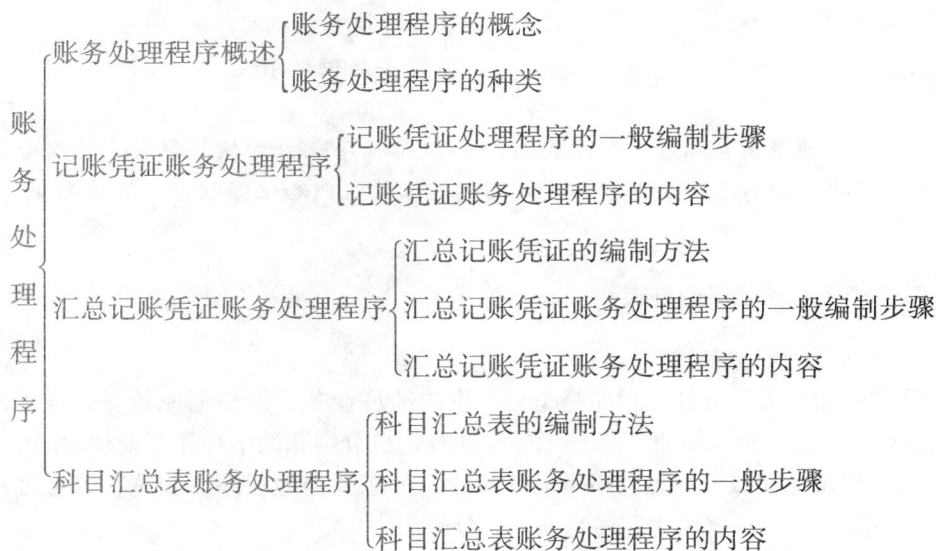

账务处理程序概述 ┬ 账务处理程序的概念
　　　　　　　　　└ 账务处理程序的种类

记账凭证账务处理程序 ┬ 记账凭证处理程序的一般编制步骤
　　　　　　　　　　　└ 记账凭证账务处理程序的内容

汇总记账凭证账务处理程序 ┬ 汇总记账凭证的编制方法
　　　　　　　　　　　　　├ 汇总记账凭证账务处理程序的一般编制步骤
　　　　　　　　　　　　　└ 汇总记账凭证账务处理程序的内容

科目汇总表账务处理程序 ┬ 科目汇总表的编制方法
　　　　　　　　　　　　├ 科目汇总表账务处理程序的一般步骤
　　　　　　　　　　　　└ 科目汇总表账务处理程序的内容

【考点内容精讲】

【考点一】账务处理程序概述

一、账务处理程序的概念

账务处理程序，又称会计核算组织程序或会计核算形式，是指会计凭证、会计账簿、财务报表相结合的方式，包括账簿组织和记账程序。

【例题1.多项选择题】下列概念中（　　　）的内涵是相同的。

A.会计账务处理程序　　　　　　　　B.会计核算组织程序

C.会计管理体制　　　　　　　　　　D.账务处理程序

【答案】ABD

【解析】账务处理程序，又称会计核算组织程序或会计核算形式，是指会计凭证、会计账簿、财务报表相结合的方式，包括账簿组织和记账程序，故选项A、B、D正确。

二、账务处理程序的种类

1. 记账凭证账务处理程序

（1）记账凭证账务处理程序是指对发生的经济业务，先根据原始凭证或汇总原始凭证填制记账凭证，再直接根据记账凭证登记总分类账的一种账务处理程序。

（2）记账凭证账务处理程序是最基本的一种账务处理程序，在这种账务处理程序下，要求直接根据记账凭证逐笔登记总分类账。

（3）记账凭证可以采用通用格式，也可分别采用收款凭证、付款凭证、转账凭证三种格式。

【例题2.单项选择题】在下列会计账务处理程序中，最基本的账务处理程序是（　　　）。

A.通用日记账账务处理程序　　　　　B.多栏式日记账账务处理程序

C.记账凭证汇总表账务处理程序　　　D.记账凭证账务处理程序

【答案】D

【解析】记账凭证账务处理程序是指对发生的经济业务，先根据原始凭证或汇总原始凭证填制记账凭证，再直接根据记账凭证登记总分类账的一种账务处理程序，是最基本的一种账务处理程序。

2. 汇总记账凭证账务处理程序

（1）汇总记账凭证账务处理程序是指先根据原始凭证或汇总原始凭证填制记账凭证，定期根据记账凭证分类编制汇总收款凭证、汇总付款凭证和汇总转账凭证，再根据汇总记账凭证登记总分类账的一种账务处理程序。

（2）记账凭证除要分别设置收款凭证、付款凭证和转账凭证外，还要分别设置汇总收款凭证、汇总付款凭证和汇总转账凭证，作为登记总分类账的依据。

【例题3.多项选择题】在汇总记账凭证账务处理程序下，登记总分类账的依据是（   ）。

A.汇总收款凭证   B.汇总付款凭证

C.汇总转账凭证   D.记账凭证汇总表

【答案】ABC

【解析】汇总记账凭证账务处理程序以汇总收款凭证、汇总付款凭证和汇总转账凭证作为登记总分类账的依据。

3. 科目汇总表账务处理程序

科目汇总表账务处理程序，又称记账凭证汇总表账务处理程序，是指根据记账凭证定期编制科目汇总表，再根据科目汇总表登记总分类账的一种账务处理程序。

【例题4.判断题】科目汇总表账务处理程序要根据科目汇总表来登记明细分类账。（   ）

【答案】×

【解析】科目汇总表账务处理程序，是指根据记账凭证定期编制科目汇总表，再根据科目汇总表登记总分类账的一种账务处理程序。

【例题5.多项选择题】在我国，常用的账务处理程序主要有（   ）。

A.记账凭证账务处理程序   B.汇总记账凭证账务处理程序

C.多栏式日记账账务处理程序   D.科目汇总表账务处理程序

【答案】ABD

【解析】在我国，常用的账务处理程序主要有记账凭证账务处理程序、汇总记账凭证账务处理程序、科目汇总表账务处理程序。

【考点二】记账凭证账务处理程序

一、记账凭证处理程序的一般编制步骤

（1）根据原始凭证编制汇总原始凭证；

（2）根据原始凭证或汇总原始凭证，编制记账凭证；

（3）根据收款凭证、付款凭证逐笔登记库存现金日记账和银行存款日记账；

（4）根据原始凭证、汇总原始凭证和记账凭证，登记各种明细分类账；

（5）根据记账凭证逐笔登记总分类账；

（6）期末，库存现金日记账、银行存款日记账和明细分类账的余额同有关总分类账的余额核对相符；

（7）期末，根据总分类账和明细分类账的记录，编制会计报表。

【例题1.多项选择题】采用记账凭证账务处理程序，登记总账的根据是（　　）。

A.记账凭证　　　B.汇总记账凭证　　　C.汇总原始凭证　　　D.记账凭证汇总表

【答案】AC

【解析】记账凭证账务处理程序是根据原始凭证、汇总原始凭证和记账凭证，登记各种明细分类账。

二、记账凭证账务处理程序的内容

（1）记账凭证账务处理程序的特点：直接根据各种记账凭证逐笔登记总分类账。

（2）记账凭证账务处理程序的优点：简单明了，方法易学，总分类账能详细反映经济业务状况，方便会计核对与查账。

（3）记账凭证账务处理程序的缺点：登记总分类账的工作量较大，也不利于分工。

（4）记账凭证账务处理程序的适用范围：一般适用于规模较小、经济业务量较少、记账凭证不多的企业。

【例题2.单项选择题】关于记账凭证账务处理程序，下列说法不正确的是（　　）。

A.根据记账凭证逐笔登记总分类账，是最基本的账务处理程序

B.简单明了，易于理解，总分类账可以较详细地反映经济业务的发生情况

C.登记总分类账的工作量较大

D.适用于规模较大、经济业务量较多的单位

【答案】D

【解析】记账凭证账务处理程序适用于规模较小、经济业务量较少的单位。

【例题3.判断题】记账凭证账务处理程序是最基本的账务处理程序，其特点就是登记账簿的工作量较小。（　　）

【答案】×

【解析】记账凭证账务处理程序的特点是直接根据各种记账凭证逐笔登记总分

类账，故上述说法是错误的。

【例题4.多项选择题】记账凭证账务处理程序一般适用于（　　　）的企业。

A.规模较小　　　　　　　　　　B.经济业务量较少

C.产销的产品单一　　　　　　　D.记账凭证不多

【答案】ABD

【解析】记账凭证账务处理程序一般适用于规模较小、经济业务量较少、记账凭证不多的企业。

【考点三】汇总记账凭证账务处理程序

一、汇总记账凭证的编制方法

（1）汇总收款凭证的编制方法是，借方分别设置，贷方科目加以归类、汇总填列一次；

（2）汇总付款凭证的编制方法是，贷方分别设置，借方科目加以归类、汇总填列一次；

（3）汇总转账凭证的编制方法是，贷方分别设置，借方科目加以归类、汇总填列一次。

如果在月份内某一贷方科目的转账凭证不多，也可以不编制汇总转账凭证，直接根据转账凭证登记总分类账。

【例题1.单项选择题】以记账凭证为依据，按有关账户的贷方设置，按借方账户归类的有（　　　）。

A.汇总收款凭证　　B.汇总转账凭证　　C.汇总付款凭证　　D.科目汇总表

【答案】BC

【解析】汇总收款凭证应该按照按有关账户的借方设置，按照账户贷方归类；汇总付款凭证和汇总转账凭证应该按照有关账户的贷方设置，按照借方账户归类。

二、汇总记账凭证账务处理程序的一般编制步骤

（1）根据原始凭证编制汇总原始凭证；

（2）根据原始凭证或汇总原始凭证，编制收款凭证、付款凭证和转账凭证，也可采用通用的记账凭证；

（3）根据收款凭证、付款凭证逐笔登记库存现金日记账和银行存款日记账；

（4）根据原始凭证、汇总原始凭证和记账凭证，登记各种明细分类账；

（5）根据各种记账凭证编制有关汇总记账凭证；

（6）根据各种汇总记账凭证登记总分类账；

（7）期末，库存现金日记账、银行存款日记账和明细分类账的余额同有关总分类账的余额核对相符；

（8）期末，根据总分类账和明细分类账的记录，编制会计报表。

【例题2.单项选择题】汇总付款凭证是根据（　　　）汇总编制而成的。

A.原始凭证　　　　B.收款凭证　　　　C.付款凭证　　　　D.汇总原始凭证

【答案】C

【解析】

【例题3.多项选择题】在汇总记账凭证账务处理程序下，登记总分类账的依据是（　　　）。

A.汇总收款凭证　　B.汇总付款凭证　　C.汇总转账凭证　　D.记账凭证汇总表

【答案】ABC

【解析】在汇总记账凭证账务处理程序下，根据各种汇总记账凭证登记总分类账。

三、汇总记账凭证账务处理程序的内容

1. 汇总记账凭证账务处理程序的特点

先根据记账凭证编制成汇总记账凭证，再根据汇总记账凭证登记总分类账。

2. 记账凭证账务处理程序的优点

减轻了登记总分类账的工作量，在汇总记账凭证上能够清晰地反映有关账户之间对应关系，了解经济业务的来龙去脉。

3. 汇总记账凭证账务处理程序的缺点

由于汇总转账凭证是根据每一账户的贷方而不是按经济业务类型归类汇总的，故不利于会计分工。

4. 汇总记账凭证账务处理程序适用范围

一般适用于规模较大、经济业务较多的企业。.

【例题4.多项选择题】对于汇总记账凭证账务处理程序，下列说法错误的有（　　　）。

A.登记总账的工作量大

B.不能体现账户之间的对应关系

C.明细账与总账无法核对

D.当转账凭证较多时，汇总转账凭证的编制工作量较大

【答案】ABC

【解析】汇总记账凭证账务处理程序的优点是减轻了登记总分类账的工作量，

便于了解账户之间的对应关系。其缺点是按每一贷方科目编制汇总转账凭证，不利于会计核算的日常分工，当转账凭证较多时，编制汇总转账凭证的工作量较大。

【考点四】 科目汇总表账务处理程序

一、科目汇总表的编制方法

科目汇总表根据一定时期内的全部记账凭证，按照会计科目进行归类，定期汇总出每一个账户的借方本期发生额和贷方本期发生额，填写在科目汇总表的相关栏内。

注意：科目汇总表只反映各个账户的借方本期发生额和贷方本期发生额，不反映各个账户之间的对应关系。

二、科目汇总表账务处理程序的一般步骤

（1）根据原始凭证填制汇总原始凭证；

（2）根据原始凭证或汇总原始凭证填制记账凭证；

（3）根据收款凭证、付款凭证逐笔登记库存现金日记账和银行存款日记账；

（4）根据原始凭证、汇总原始凭证和记账凭证，登记各种明细分类账；

（5）根据各种记账凭证编制科目汇总表；

（6）根据科目汇总表登记总分类账；

（7）期末，将库存现金日记账、银行存款日记账和明细分类账的余额同有关总分类账的余额核对相符；

（8）期末，根据总分类账和明细分类账的记录，编制财务报表。

【例题1.多项选择题】在科目汇总表账务处理程序下，可采用的记账凭证有（　　）。

A.专用记账凭证　　　　　　　　　B.通用记账凭证

C.汇总收款凭证、付款凭证　　　　D.汇总转账凭证

【答案】AB

【解析】科目汇总表账务处理程序下，根据各种记账凭证编制科目汇总表，可以是专用记账凭证，也可以是通用记账凭证。

【例题2.单项选择题】采用科目汇总表账务处理程序，（　　）是其登记总账的直接依据。

A.汇总记账凭证　　　　　　　　　B.科目汇总表

C.记账凭证　　　　　　　　　　　D.原始凭证

【答案】B

【解析】科目汇总表账务处理程序根据科目汇总表登记总分类账,故选项 B 正确。

三、科目汇总表账务处理程序的内容

1. 科目汇总表账务处理程序的特点

先将所有记账凭证汇总编制成科目汇总表,然后以科目汇总表为依据登记总分类账。

2. 科目汇总表账务处理程序的优点

减轻了登记总分类账的工作量,易于理解,方便学习,并可做到试算平衡。

3. 缺点

科目汇总表不能反映各个账户之间的对应关系;不利于对账目进行检查;如果记账凭证较多,运用科目汇总表登记总账起不到简化登记总账的作用。

4. 适用范围

科目汇总表账务处理程序适用于经济业务较多的单位。

【例题3.多项选择题】科目汇总表账务处理程序的优点主要是(　　　)。

A.能进行发生额的试算平衡　　　　B.能减少登记总账的工作量

C.能清楚地反映科目之间的对应关系　D.能减少登记明细账的工作量

【答案】AB

【解析】科目汇总表账务处理程序的优点是减轻了登记总分类账的工作量,易于理解,方便学习,并可做到试算平衡。

【例题4.单项选择题】各种账务处理程序之间的区别在于(　　　)。

A.总账的格式不同　　　　　　　　B.编制会计报表的依据不同

C.登记总账的程序和方法不同　　　D.会计凭证的种类不同

【答案】C

【解析】一种账务处理程序区别于另一种账务处理程序,主要在于登记总分类账的程序和方法不同。

【例题5.单项选择题】汇总记账凭证账务处理程序与科目汇总表账务处理程序的相同点是(　　　)。

A.登记总账的依据相同　　　　　　B.记账凭证的汇总方法相同

C.保持了账户间的对应关系　　　　D.简化了登记总分类账的工作量

【答案】D

【解析】汇总记账凭证账务处理程序与科目汇总表账务处理程序的相同点是简

化了登记总分类账的工作量。

【例题6.多项选择题】各种账务处理程序的相同之处是（　　　）。

A.根据原始凭证编制汇总原始凭证

B.根据原始凭证和记账凭证登记明细账

C.根据收款凭证和付款凭证登记库存现金、银行存款日记账

D.根据总账和明细账编制会计报表

【答案】ABCD

【解析】参见教材上账务处理程序的图示。

【例题7.多项选择题】在常见的账务处理程序中，共同的账务处理工作有（　　　）。

A.均应填制和取得原始凭证　　　　　　B.均应编制记账凭证

C.均应填制汇总记账凭证　　　　　　　D.均应设置和登记总账

【答案】ABD

【解析】汇总记账凭证账务处理程序应该填制汇总记账凭证，其他两种账务处理程序不需要填制汇总记账凭证。

【例题8.多项选择题】各种会计账务处理程序下，登记明细账的依据可能有（　　　）。

A.原始凭证　　　B.汇总原始凭证　　　C.记账凭证　　　D.汇总记账凭证

【答案】ABC

【解析】三种账务处理程序均可以根据原始凭证、汇总原始凭证和记账凭证登记各种明细分类账。

【同步练习】

一、单项选择题

1. 汇总记账凭证账务处理程序的优点：一是可以减少登记总账的工作量，二是（　　　）。

A. 简单明了，易于理解　　　　　　B. 便于了解账户间的对应关系

C. 简明易懂　　　　　　　　　　　D. 可以做到试算平衡

2. （　　　）账务处理程序是最基本的账务处理程序，是其他账务处理程序的基础。

A. 记账凭证　　　B. 科目汇总表　　　C. 日记总账　　　D. 汇总记账凭证

3. 下列哪项不是科目汇总表账务处理程序的优点（　　）。

A. 减轻了总账的登记工作

B. 可以对发生额进行试算平衡

C. 简明易懂，方便易学

D. 反映账户之间的对应关系，便于查对账目

4. 科目汇总表账务处理程序的特点是（　　）。

A. 根据记账凭证直接登记总分类账　　B. 根据科目汇总表登记总分类账

C. 根据汇总记账凭证登记总分类账　　D. 根据记账凭证逐笔登记日记总账

5. 常见的三种账务处理程序中会计报表是根据（　　）资料编制的。

A. 日记账、总账和明细账　　　　　　B. 日记账和明细分类账

C. 明细账和总分类账　　　　　　　　D. 日记账和总分类账

6. 在各种不同账务处理程序中，不能作为登记总账依据的是（　　）。

A. 记账凭证　　B. 汇总记账凭证　　C. 汇总原始凭证　　D. 科目汇总表

7. 关于记账凭证账务处理程序，下列说法不正确的是（　　）。

A. 根据记账凭证逐笔登记总分类账，是最基本的账务处理程序

B. 简单明了，易于理解，总分类账可以较详细地反映经济业务的发生情况

C. 登记总分类账的工作量较大

D. 适用于规模较大、经济业务量较多的单位

8. 记账凭证账务处理程序的优点是（　　）。

A. 详细反映经济业务的发生情况　　　B. 可以做到试算平衡

C. 便于了解账户之间的对应关系　　　D. 登记总账的工作量大

9. 记账凭证账务处理程序适用于（　　）的单位。

A. 规模较小，业务量较少　　　　　　B. 规模较小，业务量较多

C. 规模较大，业务量较少　　　　　　D. 规模较大，业务量较多

10. 科目汇总表账务处理程序的优点是（　　）。

A. 详细反映经济业务的发生情况　　　B. 可以做到试算平衡

C. 便于了解账户之间的对应关系　　　D. 处理程序简便

11. 汇总记账凭证账务处理程序的优点是（　　）。

A. 有利于会计核算的日常分工　　　　B. 便于了解账户之间的对应关系

C. 手续简便　　　　　　　　　　　　D. 便于试算平衡

12. 下列各项不是会计凭证、会计账簿、会计报表相结合方式的称谓的是（　　）。

A. 账务处理程序　　　　　　　　　　B. 会计核算组织程序

C. 会计核算形式　　　　　　　　　D. 会计组织形式

13. 各种账务处理程序之间的区别在于（　　　）。

A. 总账的格式不同　　　　　　　　B. 登记总账的程序和方法不同

C. 会计凭证的种类不同　　　　　　D. 编制会计凭证的依据不同

14. 会计核算工作的起点是（　　　）。

A. 会计分录　　　B. 会计账簿　　　C. 会计凭证　　　D. 财务报告

15. 汇总记账凭证和科目汇总表核算组织程序的主要相同点是（　　　）。

A. 记账凭证的汇总方法相同

B. 汇总凭证的格式相同

C. 登记总账的依据相同

D. 记账凭证都可以简化登记总分类账的工作量

16. 会计凭证方面，科目汇总表账务处理程序比记账凭证账务处理程序增设了（　　　）。

A. 原始凭证汇总表　　　　　　　　B. 汇总原始凭证

C. 科目汇总表　　　　　　　　　　D. 汇总记账凭证

17. 汇总记账凭证账务处理程序的适用范围是（　　　）。

A. 规模较大、经济业务量较多的单位

B. 规模较小、经济业务量较少的单位

C. 采用单式记账的单位

D. 会计基础工作薄弱的单位

18. 记账凭证账务处理程序的缺点是（　　　）。

A. 不便于分工记账　　　　　　　　B. 程序复杂，不易掌握

C. 不便于查账、对账　　　　　　　D. 登记总分类账的工作量大

19. 记账凭证核算组织程序的特点是（　　　）。

A. 在记账凭证上能够清晰地反映账户之间的对应关系

B. 总分类账上能够比较详细地反映经济业务的发生情况

C. 总分类账登记方法比较简单，易于掌握

D. 直接根据各种记账凭证逐笔登记总分类账

20. 能够保留科目间对应关系的账务处理程序有（　　　）。

A. 科目汇总表　　B. 汇总记账凭证　　C. 多栏式日记账　　D. 电算会计

二、多项选择题

1. 汇总记账凭证账务处理程序与科目汇总表账务处理程序的共同点有（　　　）。

A. 减少登记总账的工作量

B. 总账可以比较详细地反映经济业务的发生情况

C. 有利于查账

D. 均适用于经济业务较多的单位

2. 记账凭证账务处理程序与汇总记账凭证账务处理程序的相同之处在于（　　）。

A. 根据原始凭证或汇总原始凭证编制记账凭证

B. 根据收、付款凭证逐笔登记库存现金日记账和银行存款日记账

C. 根据各种记账凭证和有关原始凭证或原始凭证汇总表登记明细账

D. 根据记账凭证逐笔登记总分类账

3. 下列表述，适合于科目汇总表账务处理程序的是（　　）。

A. 大大减少了登记总账的工作量

B. 总账上不能反映经济业务的来龙去脉、不便于查账

C. 层次清楚、简单明了、手续简便、容易掌握

D. 适用于规模较小、业务量较少、记账凭证不多的单位

4. 各种账务处理程序的相同之处有（　　）。

A. 根据原始凭证编制记账凭证

B. 根据原始凭证和记账凭证登记明细账

C. 根据记账凭证登记总分类账

D. 根据总分类账和明细分类账编制会计报表

5. 汇总记账凭证账务处理程序的优点是（　　）。

A. 减轻了登记总账的工作量

B. 可以进行试算平衡

C. 便于了解账户的对应关系

D. 会计分录只需编制"一借多贷"会计分录，非常简单

6. 下列各项中，关于科目汇总表账务处理程序的说法正确的是（　　）。

A. 主要特点是定期将所有记账凭证汇总编制成科目汇总表，然后根据科目汇总表登记总分类账

B. 所需设置的账簿的种类和格式与记账凭证账务处理程序完全不同

C. 科目汇总表可以起到试算平衡的作用

D. 不反映各科目的对应关系

7. 记账凭证账务处理程序的优点和缺点分别是（　　）。

A. 记账凭证账务处理程序简单明了，且总分类账可以较详细地反映经济业务的

发生情况

　　B. 登记总分类账的工作量较大

　　C. 简化了登记总分类账的工作量

　　D. 不能反映科目的对应关系

8. 汇总收款凭证的编制方法是（　　　）。

　　A. 按"库存现金"、"银行存款"科目的借方设置

　　B. 按"库存现金"、"银行存款"科目的贷方设置

　　C. 按与设置科目相对应的贷方科目加以归类、汇总

　　D. 按与设置科目相对应的借方科目加以归类、汇总

9. 记账凭证汇总表的编制依据是（　　　）。

　　A. 收款凭证　　　　B. 付款凭证　　　　C. 转账凭证　　　　D. 汇总原始凭证

10. 记账凭证账务处理程序、汇总记账凭证账务处理程序和科目汇总表账务处理程序应共同遵循的程序有（　　　）。

　　A. 根据原始凭证、汇总原始凭证和记账凭证，登记各种明细分类账

　　B. 根据记账凭证逐笔登记总分类账

　　C. 期末，库存现金日记账、银行存款日记账和明细分类账的余额与有关总分类账的余额核对相符

　　D. 根据总分类账和明细分类账的记录，编制财务报表

三、判断题

1. 记账凭证账务处理程序、汇总记账凭证账务处理程序、科目汇总表账务处理程序的不同之处在于登记总账的依据和程序不同。　　　　　　　　　　（　　　）

2. 记账凭证账务处理程序是最基本的账务处理程序，其特点就是登记账簿的工作较量小。　　　　　　　　　　　　　　　　　　　　　　　　　　　（　　　）

3. 科目汇总表账务处理程序的优点是能较好地反映账户的对应关系。（　　　）

4. 编制会计报表是企业账务处理程序的组成部分。　　　　　　　　（　　　）

5. 汇总记账凭证账务处理程序中，账簿的设置与记账凭证账务处理程序是基本相同的。　　　　　　　　　　　　　　　　　　　　　　　　　　　　（　　　）

6. 常用的账务处理程序之间的区别在于登记总分类账的程序和方法不同。

　　　　　　　　　　　　　　　　　　　　　　　　　　　　　　　（　　　）

7. 各种账务处理程序下，会计报表的编制方法都是相同的。　　　　（　　　）

8. 采用科目汇总表账务处理程序，既可以减轻登记总分类账的工作量，也可以做到试算平衡。　　　　　　　　　　　　　　　　　　　　　　　　（　　　）

9. 汇总记账凭证账务处理程序和科目汇总表账务处理程序都适用于规模较大，经济业务较多的单位。　　　　　　　　　　　　　　　　　　　（　　）

10. 科目汇总表账务处理程序中，科目汇总表不能反映各科目的对应关系，不便于查对账目。汇总记账凭证账务处理程序可以克服科目汇总表账务处理程序的这个缺点。　　　　　　　　　　　　　　　　　　　　　　　　（　　）

11. 记账凭证汇总表不仅可以起到试算平衡的作用，而且可以反映账户之间的对应关系。　　　　　　　　　　　　　　　　　　　　　　（　　）

12. 采用汇总记账凭证账务处理程序，其转账凭证编制的会计分录可以是一贷多借，或者是一借多贷，或者是一借一贷。　　　　　　　　　　　（　　）

13. 采用汇总记账凭证账务处理程序，银行存款日记账可以根据汇总收款、汇总付款凭证进行登记。　　　　　　　　　　　　　　　　　　（　　）

14. 汇总付款凭证是按贷方科目设置，按借方科目归类，定期汇总，按月编制的。　　　　　　　　　　　　　　　　　　　　　　　　　　　（　　）

15. 汇总记账凭证账务处理程序能减轻登记总分类账的工作量，且便于了解账户之间的对应关系。　　　　　　　　　　　　　　　　　　　　（　　）

16. 企业应根据各自的规模大小、业务繁简程序、经营业务特点等项内容决定采用何种会计账务处理程序。　　　　　　　　　　　　　　　　（　　）

17. 记账凭证账务处理程序下，应按多栏式设置库存现金日记账和银行存款日记账。　　　　　　　　　　　　　　　　　　　　　　　　　（　　）

18. 采用科目汇总表账务处理程序，总账、明细账和日记账都应根据科目汇总表登记。　　　　　　　　　　　　　　　　　　　　　　　　　（　　）

19. 汇总转账凭证是按贷方科目设置，按借方科目归类，定期汇总，按月编制的。　　　　　　　　　　　　　　　　　　　　　　　　　　（　　）

20. 汇总记账凭证和记账凭证汇总表都是根据记账凭证编制的，因而可以说二者登记总账的依据相同。　　　　　　　　　　　　　　　　　　（　　）

第九章 财产清查

【本章基本结构】

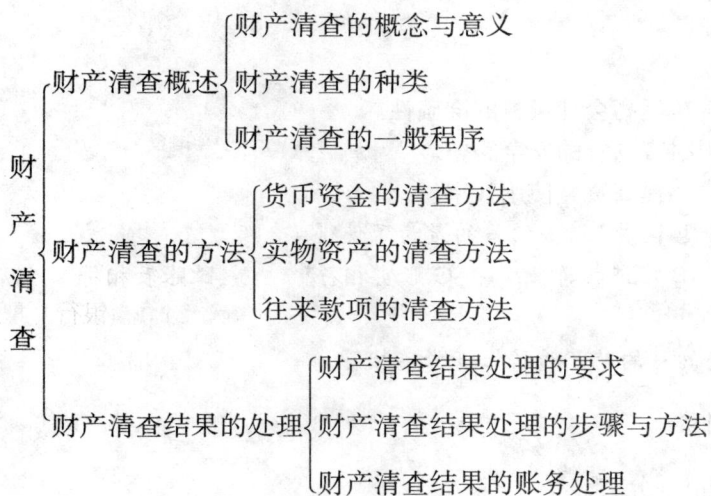

财产清查
├─ 财产清查概述
│ ├─ 财产清查的概念与意义
│ ├─ 财产清查的种类
│ └─ 财产清查的一般程序
├─ 财产清查的方法
│ ├─ 货币资金的清查方法
│ ├─ 实物资产的清查方法
│ └─ 往来款项的清查方法
└─ 财产清查结果的处理
   ├─ 财产清查结果处理的要求
   ├─ 财产清查结果处理的步骤与方法
   └─ 财产清查结果的账务处理

【考点内容精讲】

【考点一】 财产清查概述

一、财产清查的概念与意义

1. 财产清查的概念

财产清查是指通过对货币资金、实物资产和往来款项等财产物资进行盘点或核对，确定其实存数，查明账存数与实存数是否相符的一种专门方法。财产清查的目的是为了保证账实相符。

2. 财产清查的意义

（1）保证账实相符，提高会计资料的准确性。

（2）切实保障各项财产物资的安全完整。

（3）加速资金周转，提高资金使用效率。

【例题1.单项选择题】财产清查的目的是为了使得（   ）。

A.账账相符　　　　　B.账证相符　　　　　C.账实相符　　　　　D.账表相符

【答案】C

【解析】财产清查的目的就是为了保证账实相符。

二、财产清查的种类

（一）按财产清查范围分类

1. 全面清查

（1）全面清查的对象

全面清查是指对所有的财产进行全面的盘点和核对。全面清查的对象一般包括：

①库存现金、银行存款和其他货币资金等货币性资产；

②所有的固定资产、存货等实物资产；

③各项债权、债务及预算缴拨款项；

④各项其他单位加工或保管的材料，商品及物资等等。

（2）全面清查的特点

清查的内容全面，清查的范围广泛，能够全面核实会计主体所有的财产物资、货币资金和债权债务的情况，但全面清查需要投入的人力多，花费时间长。

（3）全面清查的时间

一般只是在以下几种情况下才需要进行全面清查：

①年终决算之前，为了确保年终决算会计资料真实，要进行一次全面清查；

②单位撤销、合并或改变隶属关系前，要进行一次全面清查，以明确经济责任；

③开展资产评估、清产核资等活动，需要进行全面清查，便于按需要组织资金的供应；

④单位主要负责人调离工作前，需要进行全面清查；

⑤企业发生其他重大体制变更或改制时。

【例题2.多项选择题】一般而言，在以下情况中，需要进行财产全面清查的有（　　）。

A.单位主要负责人调离工作　　　　　　B.单位撤销、分立

C.单位改变隶属关系　　　　　　　　　D.开展清产核资

【答案】ABCD

【解析】全面清查适用于以下情况：年终决算前；单位撤销、合并或改变隶属关系前；开展全面清产核资、资产评估等活动；单位主要负责人调离工作前。

【例题3.单项选择题】单位撤销、合并或改变隶属关系前，要进行（　　）。

A.全面清查　　　　B.局部清查　　　　C.实地盘点　　　　D.技术推算

【答案】A

【解析】单位撤销、合并或改变隶属关系前，要进行全面清查。

2. 局部清查

局部清查也称重点清查，是指根据需要只对部分财产进行盘点和核对，主要是对流动性较大的财产，如库存现金、银行存款、原材料、在产品和库存商品等。

（1）局部清查的特点

局部清查范围小，内容少，涉及的人员也较少，但专业性较强。

（2）局部清查的时间

①库存现金应由出纳员在每日业务终了时点清，做到日清月结；

②对于银行存款和银行借款，应由出纳员每月同银行核对一次；

③对原材料、在产品和库存商品除年度清查外，应有计划地每月轮番清点抽查，对贵重的财产物资，应每月清查盘点一次；

④对于债权债务，应在年内至少核对一至二次，有问题及时解决。

【例题4.单项选择题】财产清查按清查的范围可分为（　　）。

A.全面清查和局部清查　　　　　　　　B.定期清查和不定期清查

C.内部清查和外部清查　　　　　　　　D.货币资金清查和非货币资金清查

【答案】A

【解析】财产清查按清查的范围可分为全面清查和局部清查。

【例题5.多项选择题】进行局部财产清查时，正确的做法是（　　）。

A.库存现金每月清点一次

B.银行存款每月至少同银行核对一次

C.贵重物品每月盘点一次

D.债权债务每年至少核对一、二次

【答案】BCD

【解析】本题考点是局部清查的时间。

【例题6.判断题】局部清查是根据需要只对部分财产物资进行的清查，具体对象通常是流动性较强的财产物资，如库存现金、原材料、在产品及产成品等。（　　）

【答案】√

【解析】局部清查是指根据需要对一部分财产进行的清查，清查的对象包括：库存现金、银行存款、库存商品、原材料、包装物、债权债务等。

（二）按财产清查时间分类

1. 定期清查

定期清查是指按照预先计划安排的时间对财产进行的盘点和核对。定期清查一般在年末、季末、月末进行。定期清查，可以是全面清查，也可以是局部清查。

【例题7.多项选择题】定期清查一般是在（　　）进行。

A.年度终了时　　　B.季度终了时　　　C.月末结账时　　　D.单位撤销时

【答案】ABC

【解析】定期清查一般在年末、季末、月末进行。

2. 不定期清查

不定期清查是指事前不规定清查日期，而是根据特殊需要临时进行的盘点和核对。不定期清查可以是全面清查，也可以是局部清查，应根据实际需要来确定清查的对象和范围。

不定期清查一般适用于以下几种情况：

（1）更换财产物资、库存现金保管人员，为了分清经济责任，要对其所保管的财产物资、库存现金进行清查；

（2）发生自然灾害或意外损失，为了查明损失情况，要对受损财产物资进行清查；

（3）有关财政、审计、银行等部门对本单位进行会计检查，为了验证会计资料的可靠性，要按检查的要求和范围进行清查；

（4）进行临时性清产核资。

【例题8.多项选择题】不定期清查主要是在（　　）情况下进行。

A.更换财产、库存现金的保管人员时　B.发生自然灾害和意外损失时

C.进行临时性清产核资时　　　　　　D.年度终了时

【答案】ABC

【解析】本题的考点为不定期清查的适用情况。

【例题9.单项选择题】企业在遭受自然灾害后，对其受损的财产物资进行的清查，属于（　　）。

A.局部清查和定期清查　　　　　　B.全面清查和定期清查

C.全面清查和不定期清查　　　　　D.局部清查和不定期清查

【答案】D

【解析】企业在遭受自然灾害后，对其受损的财产物资进行的清查，属于局部、不定期清查，故选项D正确。

三、财产清查的一般程序

（1）建立财产清查组织。

财产清查，尤其是进行全面清查，涉及面较广，工作量较大，必须专门成立清查组织，具体负责财产清查的组织和管理。清查组织应由会计、业务、仓库等有关业务部门人员组成，并由具有一定权限的人员负责清查组织的各项工作。

（2）组织学习。

组织清查人员学习有关政策规定，掌握有关法律、法规和相关业务知识，以提高财产清查工作的质量。

（3）确定清查对象、范围，明确清查任务。

（4）制订清查方案，具体安排清查内容、时间、步骤、方法，并做好必要的清查前准备。

①会计部门应在进行财产清查之前，将有关账簿登记齐全，结出余额，做好账簿准备。为账实核对提供正确的账簿资料。

②财产物资保管和使用等业务部门应登记好所经管的各种财产物资明细账，并结出余额。将所保管和使用的各种财产物资整理好，挂上标签，标明品种、规格和结存数量，以便盘点核对。

③准备好各种计量器具和有关清查登记用的表册。例如"盘存表"、"实存账存对比表"、"未达账项登记表"等。

（5）清查时本着先清查数量、核对有关账簿记录等，后认定质量的原则进行。

（6）填制盘存清单。

（7）根据盘存清单，填制实物、往来账项清查结果报告表。

【例题10.多项选择题】下列各项属于财产清查一般程序的有（   ）。

A.组织清查人员学习有关政策规定

B.填制盘存单和清查报告表

C.确定清查对象、范围，明确清查任务

D.制定清查方案

【答案】ABCD

【解析】财产清查的一般程序：建立财产清查组织；组织清查人员学习有关政策规定，掌握有关法律、法规和相关业务知识，以提高财产清查工作的质量；确定清查的对象和范围，明确清查的任务；制订清查方案，具体安排清查的内容、时间、步骤、方法，并做好必要的清查前准备；清查时本着先清查数量、核对有关账簿记录等，后认定质量的原则进行；填制盘存清单；根据盘存清单，填制实物、往来账项清查结果报告表，选项ABCD均正确。

【考点二】财产清查的方法

一、货币资金的清查方法

1. 库存现金的清查

（1）库存现金清查是采用实地盘点的方法来确定库存现金的实存数，然后再与库存现金日记账的账面余额核对，以查明账实是否相符；

（2）库存现金盘点时，出纳人员必须在场；

（3）清查过程中不能用不具法律效力的借条、收据充抵库存现金；

（4）盘点后，根据库存现金盘点结果，编制"库存现金盘点报告表"，这是反映库存现金实有数和调整账簿记录的原始凭证。

【例题1.单项选择题】库存现金的清查应采用的方法是（   ）。

A.对账单法　　　　B.技术分析法　　　　C.查询核实法　　　　D.实地盘点法

【答案】D

【解析】库存现金应采用实地盘点法进行清查。

【例题2.判断题】库存现金清查时，出纳人员不需在场。（   ）

【答案】×

【解析】库存现金盘点时，出纳人员必须在场。

2. 银行存款的清查

（1）清查方法

银行存款清查亦称银行对账，是指通过与开户银行转来的对账单进行核对的方法，查明银行存款的实有数额。银行存款日记账与开户银行转来的对账单不一致的原因有两个方面：一是双方或一方记账有错误；二是存在未达账项。

未达账项是指企业和银行之间，由于结算凭证传递的时间差而造成的一方已经入账，而另一方因未收到结算凭证，尚未入账的款项。

未达账项具体包括以下四种情况：

◇企业已收款入账，银行尚未收款入账；

◇企业已付款入账，银行尚未付款入账；

◇银行已收款入账，企业尚未收款入账；

◇银行已付款入账，企业尚未付款入账；

（2）银行存款余额调节表的编制

在银行对账时若存在未达账项，必须编制"银行存款余额调节表"，根据调节后的余额来检查账实是否相符。

企业银行存款日记账余额+银行已收企业未收-银行已付企业未付

=银行对账单余额+企业已收银行未收-企业已付银行未付

【例题3.单项选择题】"未达账项"是指企业与银行双方，由于凭证传递和入账时间不一致，而发生的（　　　）。

A.一方已入账，另一方未入账的款项　　B.双方登账出现的款项

C.一方重复入账的款项　　　　　　　　D.双方均未入账的款项

【答案】A

【解析】未达账项是指企业和银行之间，由于结算凭证传递的时间差而造成的一方已经入账，而另一方因未收到结算凭证，尚未入账的款项，选项A正确。

【例题4.多项选择题】下列项目中属于调增项目的是（　　　）。

A.企业已收，银行未收　　　　　　　B.企业已付，银行未付

C.银行已收，企业未收　　　　　　　D.银行已付，企业未付

【答案】AC

【解析】企业已收，银行未收，应调增银行对账单余额；银行已收，企业未收，要调增银行存款日记账余额。

【例题5.分析题】银行存款余额调节表。

华天公司2015年6月30日银行对账单的存款余额为250 000元，与银行存款日记帐的余额不符。经核对，公司与银行均无记账错误，但是发现有下列未达账项，资料如下：

（1）6月28日，华天公司开出一张金额为80 000元转账支票用以支付供货方货款，但供货方尚未持该支票到银行兑现。（企业记账，银行未记账一）

（2）6月29日，华天公司送存银行的某客户转账支票20 000元，因对方存款不足而被退票，而公司未接到通知。（企业记账，银行未记账+）

（3）6月30日，华天公司当月的水电费用1 500元银行已代为支付，但公司未接到付款通知而尚未入账。（银行记账，企业未记账一）

（4）6月30日，银行计算应付给华天公司的利息500元，银行已入账，而公司尚未收到收款通知。（银行记账，企业未记账+）

（5）6月30日，华天公司委托银行代收的款项50 000元，银行已转入公司的存款户，但公司尚未收到通知入账。（银行记账，企业未记账+）

（6）6月30日，华天公司收到购货方转账支票一张，金额为20 000元，已经送存银行，但银行尚未入账。（企业记账，银行未记账+）

假定华天公司与银行的存款余额调整后核对相符。

要求：请代华天公司完成以下银行存款余额调节表编制（见表9-1）。

表9-1　　　　　　　　　　　　银行存款余额调节表

编制单位：华天公司　　　　　　　　2015年6月30日　　　　　　　　单位：元

项　　　目	金额	项　　　目	金额
银行存款日记账余额	1	银行对账单余额	5
加：银行已收企业未收的款项合计	2	加：企业已收银行未收的款项合计	6
减：银行已付企业未付的款项合计	3	减：企业已付银行未付的款项合计	7
调节后的余额	4	调节后的余额	8

【答案】见表9-2。

表9-2　　　　　　　　银行存款余额调节表　　　　　　单位：元

项　　　目	金　额	项　　　目	金　额
银行存款日记账余额	161 000	银行对账单余额	250 000
加：银行已收企业未收的款项合计	50 500	加：企业已收银行未收的款项合计	40 000
减：银行已付企业未付的款项合计	1 500	减：企业已付银行未付的款项合计	80 000
调节后的余额	210 000	调节后的余额	210 000

【解析】

1. 210 000−50 500+1 500=161 000

2.（4）500+（5）50 000=50 500

3. (3) 1 500

4. 210 000

5. 250 000

6. (2) 20 000+(6) 20 000＝40 000

7. (1) 80 000

8. 250 000+40 000－80 000＝210 000

二、实物资产的清查方法

由于实物的形态、体积、重量、码放方式等不同，采用的清查方法也不同，主要有以下两种：

1. 实地盘点法

实地盘点法是指在财产物资存放现场逐一清点数量或用计量仪器确定其实存数的一种方法。此方法数字准确可靠，但工作量较大，适用于原材料、包装物、产成品、库存商品、固定资产等的清查。

2. 技术推算法

技术推算法是指利用技术方法推算财产物资实存数的方法，适用于煤炭、砂石等大宗物资的清查。此方法盘点数字不够准确，但工作量较小。

【例题6.单项选择题】下列各项中，不属于实物财产清查方法的是（　　　）。

A.实地盘点法　　　B.技术推算法　　　C.抽样盘存法　　　D.函证法

【答案】D

【解析】函证法是往来款项的清查方法。

三、往来款项的清查方法

往来款项的清查是对各种应收、应付、预收、预付等往来款项的清查。一般采用发函询证的方法与往来单位的有关账项进行核对。

【例题7.单项选择题】对结算往来款项的清查一般采取的清查方法是（　　　）。

A.实地盘点法　　　　　　　　B.编制银行存款余额调节表

C.询证核对法　　　　　　　　D.突击清查法

【答案】C

【解析】往来款项一般采取函证法的清查方法。

【考点三】 财产清查结果的处理

一、财产清查结果处理的要求

（1）分析产生差异的原因和性质，提出处理建议。

对于流动资产盘盈一般应冲减管理费用，固定资产盘盈一般应计入营业外收入。财产盘亏对于定额内的合理损耗应计入管理费用，偷盗损失应找出责任人，由责任人赔偿，自然灾害等非常损失应计入营业外支出。

（2）积极处理多余积压财产，清理往来款项。

（3）总结经验教训，建立健全各项管理制度。

（4）及时调整账簿记录，保证账实相符。

【例题1.多项选择题】国家统一的会计制度和单位内部会计控制制度对于财产清查结果处理的规定和要求是（　　　）。

A.分析产生差异的原因和性质，提出处理建议

B.积极处理多余积压财产，清理往来款项

C.总结经验教训，建立健全各项管理制度

D.及时调整账簿记录，保证账实相符

【答案】ABCD

【解析】本题考点为财产清查结果处理的要求。

二、财产清查结果处理的步骤与方法

1.审批之前的处理

根据"清查结果报告表"、"盘点报告表"等已经查实的数据资料，填制记账凭证，记入有关账簿，使账簿记录与实际盘存数相符，同时根据权限，将处理建议报股东大会或董事会，或经理（厂长）会议或类似机构批准。

2.审批之后的处理

企业清查的各种财产的损溢，应于期末前查明原因，并根据企业的管理权限，经股东大会或董事会，或经理（厂长）会议或类似机构批准后，在期末结账前处理完毕。企业应严格按照有关部门对财产清查结果提出的处理意见进行账务处理，填制有关记账凭证，登记有关账簿，并追回由于责任者原因造成的财产损失。

【例题2.判断题】对于财产清查结果的处理一般分两步，即审批前先调整账面的记录，审批后转入有关账户。（　　　）

【答案】√

【解析】本题考点为财产清查结果处理的步骤。

三、财产清查结果的账务处理

1. 盘亏

（1）审批前

借：待处理财产损溢

　　累计折旧（已计提的折旧）

　贷：库存现金

　　　原材料（原材料的入账价值）

　　　库存商品（库存商品的入账价值）

　　　固定资产（固定资产原值）

　　　应交税费——应交增值税（进项税额转出）（已抵扣增值税进项税额）

（2）审批后

借：营业外支出（固定资产、流动资产非常损失）

　　其他应收款（责任人赔偿和保险公司赔偿）

　　管理费用（定额内的合理损耗、管理不善）

　贷：待处理财产损溢

注意：在财产清查中，盘亏的存货应分不同的情况进行处理。

（1）定额内的合理损耗，批准后计入管理费用；

（2）非正常损失造成的，属于保险责任范围的，应由保险公司赔偿，计入其他应收款，其余计入营业外支出；

（3）管理不善造成的，由责任人赔偿的计入其他应收款，其余计入管理费用。

【例题3.多项选择题】盘亏的存货在处理时，应分别情况记入（　　）账户。

A.营业外收入　　　B.财务费用　　　　C.管理费用　　　　D.其他应收款

【答案】CD

【解析】盘亏的存货，定额内的合理损耗，计入管理费用，由责任人赔偿的计入其他应收款，故选项C、D正确。

【例题4.判断题】存货清查过程中发现的定额内损耗记入"营业外支出"科目。（　　）

【答案】×

【解析】存货清查过程中发现的定额内损耗记入"管理费用"科目。

2. 盘盈

（1）审批前

借：库存现金
　　原材料
　　库存商品
　　固定资产
　贷：待处理财产损溢
3. 审批后
借：待处理财产损溢
　　以前年度损益调整（调整的所得税和未分配利润）
　贷：营业外收入（无法查明原因）
　　　管理费用（流动资产）
　　　以前年度损益调整（固定资产的账面价值）
　　　应交税费——应交所得税
　　　利润分配——未分配利润

【例题5.多项选择题】应记入"待处理财产损溢"账户借方核算的是（　　）。

A.盘亏的财产物资数额　　　　　　B.盘盈财产物资的转销数额
C.盘盈的财产物资数额　　　　　　D.盘亏财产物资的转销数额

【答案】AB

【解析】盘亏的财产物资借记"待处理财产损溢"，贷记"资产"；盘盈的财产物资借记"资产"，贷记"待处理财产损溢"；转销时，借记"待处理财产损溢"；选项A、B正确。

【例题6.多项选择题】"待处理财产损溢"科目贷方登记（　　）。

A.批准前待处理财产物资盘盈数
B.批准前待处理财产物资盘亏及毁损数
C.结转已批准处理财产物资的盘盈数
D.结转已批准处理财产物资的盘亏及毁损数

【答案】AD

【解析】盘亏的财产物资借记"待处理财产损溢"，贷记"资产"；盘盈的财产物资借记"资产"，贷记"待处理财产损溢"；转销时，借记"待处理财产损溢"；选项A、D正确。

【例题7.多项选择题】下列业务需要通过"待处理财产损溢"科目核算的是（　　）。

A.固定资产盘盈　　　　　　　　　B.无法收回的应收账款
C.材料盘亏　　　　　　　　　　　D.库存商品丢失

【答案】ACD

【解析】无法收回的应收账款通过"坏账准备"科目核算，不通过"待处理财产损溢"科目核算。

【例题8.分析题】甲公司期末进行财产清查时，发现如下情况：

（1）库存现金盘盈814元，原因待查。

（2）库存现金盘盈原因无法查明，报经有关部门批准后进行会计处理。

（3）盘亏设备一台，原价27 600元，已提折旧22 080元，原因待查。

（4）该设备盘亏损失由过失人赔偿1 000元，其余损失甲公司承担，报经有关部门批准后进行会计处理。

（5）无法收回的应收账款有5 700元，确认为坏账损失。

要求：根据上述资料，逐笔编制甲公司的会计分录。

【解析】

（1）借：库存现金　　　　　　　　　　　　　　　　　814

　　　　贷：待处理财产损溢　　　　　　　　　　　　　　814

（2）借：待处理财产损溢　　　　　　　　　　　　　　814

　　　　贷：营业外收入　　　　　　　　　　　　　　　814

（3）借：待处理财产损溢　　　　　　　　　　　　　5 520

　　　　累计折旧　　　　　　　　　　　　　　　22 080

　　　　贷：固定资产　　　　　　　　　　　　　　27 600

（4）借：其他应收款　　　　　　　　　　　　　　1 000

　　　　营业外支出　　　　　　　　　　　　　4 520

　　　　贷：待处理财产损溢　　　　　　　　　　　5 520

（5）借：坏账准备　　　　　　　　　　　　　　5 700

　　　　贷：应收账款　　　　　　　　　　　　　　5 700

【同步练习】

一、单项选择题

1. 库存现金的清查应采用的方法是（　　）。

A. 对账单法　　　　B. 技术分析法　　　　C. 查询核实法　　　　D. 实地盘点法

2. 某企业在财产清查中，盘亏现金1 000元，其中400元应由出纳员赔偿，另外600元无法查明原因。现经批准后，转销现金盘亏的会计分录为（　　）。

A. 借：待处理财产损溢   1 000

  贷：库存现金   1 000

B. 借：管理费用   600

  营业外支出   400

  贷：库存现金   1 000

C. 借：管理费用   600

  其他应收款   400

  贷：库存现金   1 000

D. 借：管理费用   600

  其他应收款   400

  贷：待处理财产损溢   1 000

3. 某企业在财产清查过程中，盘盈材料一批，价值为 10 000 元，报经批准后，会计处理上应贷记（ ）科目。

A. 营业外收入 B. 管理费用 C. 原材料 D. 营业外支出

4. 企业某种库存商品因自然损耗造成的短缺，经批准核销时，应借记（ ）账户。

A. 管理费用   B. 营业外支出 C. 其他应收款 D. 待处理财产损溢

5. 下列哪种说法是错误的（ ）。

A. 未达账项不是错账、漏账

B. 未达账项只应在银行存款余额调节表中进行调节

C. 未达账项不能据以进行任何的账务处理

D. 对未达账项调节后，银行存款日记账账面余额和银行存款对账单余额一定会一致

6. 库存现金和实物的清查都可采用的方法是（ ）。

A. 核对账目法 B. 技术推算法 C. 实地盘点法 D. 发函询证法

7. 在进行实物财产清查时，对下列哪项财产（ ）不用发函询证法。

A. 委托外单位加工的物资   B. 委托外单位保管的物资

C. 库存现金   D. 在途物资

8. 企业收到并已入账的销货款，但银行尚未入账，由此形成的未达账项，企业会计人员在编制"银行存款余额调节表"时，应将（ ）。

A. 银行对账单余额方调增   B. 银行对账单余额方调减

C. 企业银行存款日记账余额方调增 D. 企业银行存款日记账余额方调减

9. 下列情况中，不需对财产进行全面清查的是（ ）。

　　A. 年终决算前　　　　　　　　B. 企业进行股份制改制前

　　C. 企业破产　　　　　　　　　D. 更换仓库保管员

10. 现金处理中，发现现金短缺 300 元，研究决定由出纳赔偿 200 元，余额报损，则批准处理后的会计分录为（　　　）。

　　A. 借：库存现金　　　　　　　　　　　　　　　　　　　　　300

　　　　　贷：待处理财产损溢　　　　　　　　　　　　　　　　　300

　　B. 借：待处理财产损溢　　　　　　　　　　　　　　　　　　300

　　　　　贷：库存现金　　　　　　　　　　　　　　　　　　　　300

　　C. 借：其他应收款　　　　　　　　　　　　　　　　　　　　200

　　　　　营业外支出　　　　　　　　　　　　　　　　　　　100

　　　　　贷：待处理财产损溢　　　　　　　　　　　　　　　　　300

　　D. 借：其他应收款　　　　　　　　　　　　　　　　　　　　200

　　　　　管理费用　　　　　　　　　　　　　　　　　　　　100

　　　　　贷：待处理财产损溢　　　　　　　　　　　　　　　　　300

11. 盘盈存货报批核销，做（　　　）处理。

　　A. 其他业务收入　　B. 营业外收入　　　C. 冲减管理费用　　D. 冲减营业外支出

12. （　　　）是指在财产物资存放现场逐一清点数量或用计量仪器确定其实存数的一种方法。

　　A. 技术推算法　　　B. 实地盘点法　　　C. 全面清查　　　　D. 局部清查

13. 技术推算法适用于（　　　）。

　　A. 流动性较大的物资　　　　　　　B. 固定资产

　　C. 大量成堆难以逐一清点的存货　　D. 贵重物资的清查

14. 对于数量多、重量均匀的实物资产，可采用的清查方法是（　　　）。

　　A. 询证核对法　　　B. 实地盘存法　　　C. 技术推算法　　　D. 抽样盘存法

15. 对于流动资产盘盈一般应冲减（　　　　），固定资产盘盈一般应计入（　　　　）。

　　A. 管理费用，其他业务收入　　　　B. 管理费用，营业外收入

　　C. 主营业务成本，其他业务收入　　D. 主营业务成本，营业外收入

16. 对库存现金进行清查应该采用的方法是（　　　）。

　　A. 实地盘点法　　　B. 抽查检验法　　　C. 查询核对法　　　D. 技术推算法

17. 存货发生定额内损耗，在批准处理前应计入（　　　）。

　　A. 待处理财产损溢　　　　　　　B. 期间费用

　　C. 营业外支出　　　　　　　　　D. 其他应收款

18. 对应收账款进行清查时，应采用的方法是（　　　）。

A. 与记账凭证核对　　　　　　B. 实地盘点法

C. 函证法　　　　　　　　　　D. 银行核对账目法

19. 通常，在年终决算之前要（　　）。

A. 对企业所有财产进行技术推算盘点

B. 对企业所有财产进行全面清查

C. 对企业部分财产进行局部清查

D. 对企业流动性较大的财产进行全面清查

20. 对各项财产物资的盘点结果应当登记（　　）。

A. 盘存单　　　　　　　　　　B. 账存实存对比表

C. 银行对账单　　　　　　　　D. 库存现金盘点报告表

21. 银行存款的清查是将（　　）。

A. 银行存款日记账与总账核对

B. 银行存款日记账与银行存款收、付款凭证核对

C. 银行存款日记账与银行对账单核对

D. 银行存款总账与银行存款收、付款凭证核对

22. A 企业出纳员赵某在每日终了时所进行的财产清查工作属于（　　）。

A. 全面清查和不定期清查　　　B. 全面清查和定期清查

C. 局部清查和不定期清查　　　D. 局部清查和定期清查

23. 财产清查按照（　　）的不同，可以划分为全面清查和局部清查。

A. 清查的范围　　B. 清查的时间　　C. 清查的内容　　D. 清查的地点

24. 下列不属于实物资产清查范围的是（　　）。

A. 固定资产　　B. 原材料　　C. 库存商品　　D. 库存现金

25. 单位主要负责人调离工作前的财产清查适用（　　）。

A. 全面清查　　　B. 局部清查　　　C. 实地盘点　　　D. 定期清查

二、多项选择题

1. 下列关于财产全面清查特点的表述中正确的有（　　）。

A. 清查的范围广　　B. 清查的内容多　　C. 清查的时间长　　D. 清查的花费大

2. 下列各项可能使企业银行存款日记账余额小于银行对账单余额的未达账项有（　　）。

A. 企付银未付　　B. 企收银未收　　C. 银收企未收　　D. 银付企未付

3. 一般而言，在以下情况中，需要进行财产全面清查的有（　　）。

A. 单位主要负责人调离工作　　B. 单位撤销、分立

C. 单位改变隶属关系　　　　　　　　D. 开展清产核资

4. 下列未达账项中，会使本企业"银行存款日记账账面余额"大于银行对账单的有（　　）。

A. 企业已收、银行未收款　　　　　B. 银行已收、企业未收款

C. 银行已付、企业未付款　　　　　D. 企业已付、银行未付款

5. 某企业在财产清查中，发现短缺设备一台，账面原值 30 000 元，已计提折旧 10 000 元，在报经批准前企业应作会计分录的借方为（　　）。

A. "待处理财产损溢" 30 000 元　　B. "营业外支出" 20 000 元

C. "累计折旧" 10 000 元　　　　　D. "待处理财产损溢" 20 000 元

6. 财产清查中填制的"账存实存对比表"是（　　）。

A. 调整账簿的原始凭证　　　　　　B. 财产清查的重要报表

C. 登记日记账的直接依据　　　　　D. 调整账簿记录的记账凭证

7. 国家统一的会计制度和单位内部会计控制制度对于财产清查结果处理的规定和要求是（　　）。

A. 分析产生差异的原因和性质，提出处理建议

B. 积极处理多余积压财产，清理往来款项

C. 总结经验教训，建立健全各项管理制度

D. 及时调整账簿记录，保证账实相符

8. 局部清查的范围是（　　）。

A. 银行存款　　　B. 原材料　　　C. 库存现金　　　D. 贵重物品

9. 进行局部财产清查时，正确的做法是（　　）。

A. 库存现金每月清点一次　　　　　B. 银行存款每月至少同银行核对一次

C. 贵重物品每月盘点一次　　　　　D. 债权债务每年至少核对一、二次

10. 库存现金清查的内容主要包括（　　）。

A. 是否有未达账项　　　　　　　　B. 是否有白条顶库

C. 是否超限额留存现金　　　　　　D. 往来款项是否相符

11. 下列项目中采用实地盘点方法的有（　　）。

A. 库存现金　　　B. 固定资产　　　C. 应收账款　　　D. 银行存款

12. 应记入"待处理财产损溢"账户借方核算的是（　　）。

A. 盘亏财产物资数额　　　　　　　B. 盘盈财产物资的转销数额

C. 盘盈财产物资数额　　　　　　　D. 盘亏财产物资的转销数额

13. 盘亏的存货在处理时，应分别情况记入（　　）账户。

A. 营业外收入　　　B. 财务费用　　　C. 管理费用　　　D. 其他应收款

14. X 企业的财产清查中发现甲商品溢余 50 件，每件单价 20 元，乙商品盘亏 100 千克，每千克 30 元，则应（　　　）。

A. 借记"库存商品——甲商品"1 000 元

B. 贷记"待处理财产损溢"1 000 元

C. 借记"待处理财产损溢"3 000 元

D. 贷记"库存商品——乙商品"3 000 元

15. 下列关于存货清查核算的说法中，正确的有（　　　）。

A. 盘盈的存货应冲减当期的管理费用

B. 属于自然损耗造成的定额内损耗，应计入管理费用

C. 剩余净损失或未参加保险部分的损失，计入营业外支出

D. 一般经营损失，计入管理费用

16. 下列存货盘亏损失，报经批准后，可转做管理费用的有（　　　）。

A. 保管中产生的定额内自然损耗　　　B. 自然灾害所造成的毁损净损失

C. 管理不善所造成的毁损净损失　　　D. 计量不准确所造成的短缺净损失

17. 全面清查的对象包括（　　　）。

A. 货币资金　　　B. 财产物资　　　C. 债权债务　　　D. 无形资产

18. 下面关于局部清查的说法正确的是（　　　）。

A. 是根据需要对一部分财产进行的清查

B. 局部清查范围小，涉及人员少，但专业性较强

C. 局部清查的对象主要是流动性较强的财产

D. 每月对债权债务的核对属于局部清查

19. 适合使用技术推算法盘点数量的财产物资有（　　　）。

A. 露天存放的煤　　B. 矿石　　　C. 灯具　　　　D. 库存现金

20. 下列各项中，关于存货清查的说法正确的是（　　　）。

A. 企业应对存货进行定期的清查

B. 存货的账面价值是存货成本扣除累计跌价准备后的金额

C. 存货盘亏造成的损失，应当计入当期损益

D. 存货清查通常采用实地盘点的方法

21. 下列说法正确的是（　　　）。

A. 不需要根据"银行存款余额调节表"做任何账务处理

B. 对于未达账项，有关原始凭证到达后才做处理

C. 银行存款日记账余额与对账单余额如果调整后仍不一致，说明记账有可能出现错误

D. 期末要根据调整后的金额做账务处理

22. 使各项财产的账面数额与实际数额产生差异的原因主要有（　　　）。

A. 在财产物资的保管过程中发生损耗

B. 由于制度不严密而发生的错收、错付

C. 由于计量检验不准确，造成多收多付或少收少付以及由于管理不善造成的毁损和短缺等

D. 由于财产物资的变质毁损等

23. 下列有关企业进行库存现金盘点清查时的做法，正确的是（　　　）。

A. 库存现金的清查方法采用实地盘点法

B. 在盘点库存现金时，出纳人员必须在场

C. 经领导批准，借条、收据可以抵充库存现金

D. 库存现金盘点报告表需由盘点人员和出纳人员共同签章方能生效

24. 对于企业盘亏的固定资产，按规定程序批准后可作以下处理（　　　）。

A. 借记"管理费用"　　　　　　　　B. 借记"营业外支出"

C. 借记"其他应收款"　　　　　　　D. 贷记"待处理财产损溢"

25. 工业企业全面清查的对象一般包括（　　　）。

A. 库存现金、银行存款和其他货币资金

B. 所有的固定资产

C. 库存材料、库存商品和在途物资等存货

D. 各项债权、债务及有价证券

三、判断题

1. 库存现金和银行存款的清查均采用实地盘点法。　　　　　　　　（　　　）

2. 财产清查结果的处理即指账务处理。　　　　　　　　　　　　　（　　　）

3. 为明确经济责任，库存现金盘点时出纳人员不应在场。　　　　　（　　　）

4. 不定期清查可以是全面清查，也可以是局部清查。　　　　　　　（　　　）

5. 定期财产清查的对象不同，可以是全面清查也可以是局部清查。　（　　　）

6. 财产清查时应本着先认定质量，后清查数量、核对有关账簿记录等的原则进行。　　　　　　　　　　　　　　　　　　　　　　　　　　　　（　　　）

7. "库存现金盘点报告表"由盘点人签章后即可生效。　　　　　　　（　　　）

8. 企业财产清查中，发现账外设备一台，报经批准后，应冲减"营业外支出"。

　　　　　　　　　　　　　　　　　　　　　　　　　　　　　　（　　　）

9. 在财产清查中，一般地说，定期清查是全面清查，不定期清查是局部清查。

            （ ）

10. 银行存款日记账与银行对账单相对不符是由记账差错造成的。 （ ）

11. 根据财产物资盘点结果填制的"实存账存对比表"，可以作为调整账面记录的原始凭证。   （ ）

12. "银行存款余额调节表"不是原始凭证，不能作为调账的依据。（ ）

13. 银行已经付款记账而企业尚未付款记账，会使开户单位银行存款账面余额小于银行对账单的存款余额。   （ ）

14. "待处理财产损溢"借方登记财产盘亏、毁损数额以及盘盈的转销数字。

            （ ）

15. 财产清查是会计核算的一种专门方法。   （ ）

16. 未达账项并非错账、漏账，应在银行存款余额调节表中进行调节，并据以进行账务处理。

17. "待处理财产损溢"账户是利润类账户。   （ ）

18. 财产清查的范围是存放在本企业的各项财产物资。 （ ）

19. 财产清查主要是对固定资产、流动资产、无形资产、递延资产等资产进行清查，不包括对负债的清查。   （ ）

20. 无法收回的债务作为营业外支出，无法支付的债务作为营业外收入。

            （ ）

四、分析题

1. XYZ 公司资料如下：

（1）XYZ 公司 2015 年 7 月 20 日至月末银行存款日记账记录的经济业务如下：

1 20 日，收到销货款转账支票 8 800 元；

2 20 日，开出支票 05130#，用以支付购入材料的货款 20 000 元；

3 23 日，开出支票 05131#，支付购料的运杂费 1 000 元；

4 26 日，收到销货款转账支票 13 240 元；

5 28 日，开出支票 05132#，支付公司日常办公费用 2 500 元；

6 30 日，开出支票 05133#，支付下半年房租 9 500 元；

7 31 日，银行存款日记账的账面余额为 241 800 元。

（2）银行对账单所列 XYZ 公司 7 月 20 日至月末的经济业务如下：

1 20 日，结算 XYZ 公司的银行存款利息 1 523 元；

2 22 日，收到 XYZ 公司销售款转账支票 8 800 元；

3 23 日，收到 XYZ 公司开出的支票 05130#，金额为 20 000 元；

4 25 日，银行为 XYZ 公司代付水电费 3 250 元；

5 26 日，收到 XYZ 公司开出支票 05131#，金额为 1 000 元；

6 29 日，为 XYZ 公司代收外地购货方汇来的货款 5 600 元；

7 31 日，银行对账单的存款余额为 244 433 元。

要求：编制银行存款余额调节表。

银行存款余额调节表

项 目	金额	项 目	金额
企业银行存款日记账余额		银行对账单余额	
加：银行已收，企业未收款		加：企业已收，银行未收款	
减：银行已付，企业未付款		减：企业已付，银行未付款	
调节后的余额		调节后的余额	

2. 资料如下：

（1）库存现金盘盈 659 元，原因待查。

（2）库存现金盘盈原因无法查明，报经有关部门批准后进行会计处理。

（3）原材料盘亏 2 070 元，原因待查。

（4）经查明，原材料盘亏属于正常损失，报经有关部门批准后进行会计处理。

（5）盘盈一台未入账的设备，该设备市场价格为 48 200 元，估计的新旧程度为 9 成新，则作为前期会计差错记入"以前年度损益调整"账户的金额为（ ）元。

要求：根据上述资料（1）~（4），逐笔编制该公司的会计分录，并计算资料（5）。

3. 资料如下：

（1）库存现金盘盈 900 元，原因待查。

（2）库存现金盘盈原因无法查明，报经有关部门批准后进行会计处理。

（3）原材料盘亏 1 420 元，原因待查。

（4）经查明，原材料盘亏属于正常损失，报经有关部门批准后进行会计处理。

（5）盘盈一台未入账的设备，该设备市场价格为 8 600 元，估计的新旧程度为 9 成新，则作为前期会计差错记入"以前年度损益调整"账户的金额为（ ）元。

要求：根据上述资料（1）~（4），逐笔编制该公司的会计分录，并计算资料（5）。

4. 甲公司期末进行账产清查时，发现如下情况：

（1）库存现金盘盈 735 元，原因待查。

（2）经查明库存现金盘盈属于多收乙公司的货款，报经有关部门批准将给予退回。

（3）库存商品盘亏2 890元，原因待查。

（4）经查明，库存商品盘亏属于正常损失，批经有关部门批准后进行会计处理。

（5）盘盈一台未入账的设备，该设备市场价格为60 000元，估计的新旧程度为9成新。则作为前期会计差错记入"以前年度损益调整"账户的金额为（　　　　）元。

要求：根据上述资料（1）～（4），逐笔编制该公司的会计分录，并计算资料（5）。

5. 甲公司期末进行财产清查时，发现如下情况：

（1）库存现金盘盈517元，原因待查。

（2）经查明库存现金盘盈属于多收乙公司的货款，报经有关部门批准将给予退回。

（3）盘亏设备一台，原价17 700元，已提折旧14 160元，原因待查。

（4）该设备盘亏损失由保险公司赔偿1 000元，其余损失甲公司承担，报经有关部门批准后进行会计处理。

（5）无法支付的应付账款7 900元，报经有关部门批准后进行会计处理。

要求：根据上述资料，逐笔编制甲公司的会计分录。

6. 甲公司期末进行财产清查时，发现如下情况：

（1）库存现金盘盈441元，原因待查。

（2）将查明库存现金盘盈属于多收乙公司的货款，报经有关部门批准将给予退回。

（3）原材料盘亏3 100元，原因待查。

（4）经查明，原材料盘亏属于正常损失，经报有关部门批准后进行会计处理。

（5）发现盈亏设备一台，其原值为65 000元，已提折旧额20 000元，经查明是由于过失人造成的毁损，应有过失人赔偿20 000元。

要求：根据上述资料，逐笔编制甲公司的会计分录。

7. 甲公司期末进行财产清查时，发现如下情况，

（1）库存现金盘亏251元，原因待查。

（2）库存现金盘亏原因无法查明，报经有关部门批准后进行会计处理。

（3）库存商品盘盈4 940元，原因待查。

（4）经查明，库存商品盘盈是收发计量误差所造成，报经有关部门批准后进行会计处理。

（5）无法支付的应付账款56 600元，报经有关部门批准后进行会计处理。

要求：根据上述材料，逐笔编制甲公司的会计分录。

8. 甲公司期末进行财产清查时，发现如下情况：

（1）库存现金盘盈287元，原因待查。

（2）库存现金盘盈原因无法查明，报经有关部门批准后进行会计处理。

（3）盘亏设备一台，原价 21 000 元，已提折旧 16 800 元，原因待查。

（4）经有关部门批准，该设备盘亏全部损失由甲公司承担。

（5）无法支付的应付账款 4 400 元，报经有关部门批准后进行会计处理。

要求：根据上述资料，逐笔编制甲公司的会计分录。

9. 甲公司期末进行财产清查时，发现如下情况：

（1）库存现金盘盈 484 元，原因待查。

（2）库存现金盘盈原因无法查明，报经有关部门批准后进行会计处理。

（3）盘亏设备一台，原价 17 700 元，已提折旧 14 160 元，原因待查。

（4）该设备盘亏损失由保险公司赔偿 1 000 元，其余损失甲公司承担，报经有关部门批准后进行会计处理。

（5）无法支付的应付账款 6 100 元，报经有关部门批准后进行会计处理。

要求：根据上述资料，逐笔编制甲公司的会计分录。

10. 甲公司期末进行财产清查时，发现如下情况：

（1）库存现金盘亏 172 元，原因待查。

（2）库存现金盘亏原因无法查明，报经有关部门批准后进行会计处理。

（3）原材料盘盈 4 650 元，原因待查。

（4）经查，原材料盘盈是收发计量误差所造成，报经有关部门批准后进行会计处理。

（5）无法收回的应收账款有 51 700 元，确认为坏账损失。

要求：根据上述资料，逐笔编制甲公司的会计分录。

第十章

财务报表

【本章基本结构】

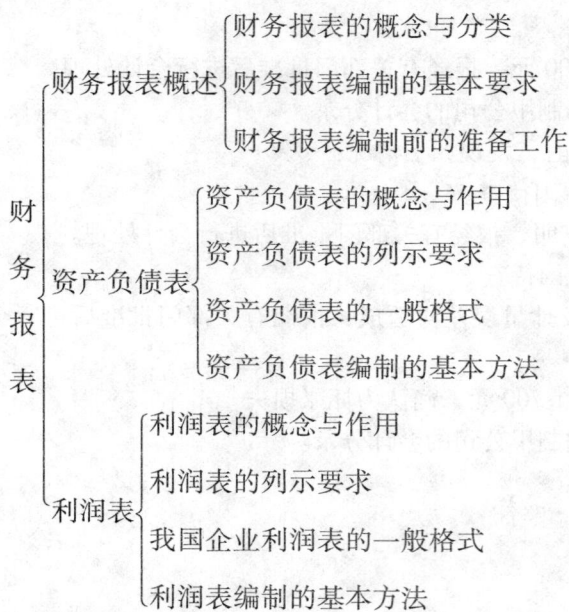

财务报表

　　财务报表概述
　　　　财务报表的概念与分类
　　　　财务报表编制的基本要求
　　　　财务报表编制前的准备工作

　　资产负债表
　　　　资产负债表的概念与作用
　　　　资产负债表的列示要求
　　　　资产负债表的一般格式
　　　　资产负债表编制的基本方法

　　利润表
　　　　利润表的概念与作用
　　　　利润表的列示要求
　　我国企业利润表的一般格式
　　　　利润表编制的基本方法

【考点内容精讲】

【考点一】 财务报表概述

一、财务报表的概念与分类

1. 财务报表的概念

财务报表是综合反映企业资产、负债和所有者权益的情况及一定时期的经营成果和财务状况变动的书面文件。财务报表至少应当包括下列组成部分：

（1）资产负债表；

（2）利润表；

（3）现金流量表；

（4）所有者权益变动表；

（5）附注。

财务报表上述组成部分具有同等的重要程度。

【例题1.多项选择题】财务报表至少应当包括（　　　　）。

A.资产负债表　　　　　　　　　　B.利润表和现金流量表

C.所有者权益变动表　　　　　　　D.财务报表附注

【答案】ABCD

【解析】财务报表至少应当包括资产负负债表、利润表、现金流量表、所有者权益变动表及附注，故选项A、B、C、D均正确。

2. 财务报表的分类

（1）按照财务报表的编报期间的不同，可以分为中期财务报表和年度财务报表

①年度财务报表简称年报，是企业的年度决算报表，包括资产负债表、利润表、现金流量表、所有者权益变动表以及附注；于年度终了后4个月内对外提供。

②中期财务报表是以短于一个完整会计年度的报告期间为基础编制的财务报表，包括月报、季报和半年报。中期财务报表至少包括资产负债表、利润表、现金流量表和附注。半年报应当于半年度终了后60天内对外提供；季报应当于季度终了后15天内对外提供；月报于月度终了后6天内对外提供。

（2）按照财务报表反映财务活动方式的不同，可以分为静态财务报表和动态财务报表

①静态财务报表，一般应根据账户的"期末余额"填列，如资产负债表。

②动态财务报表,一般应根据有关账户的"发生额"填列,如利润表、现金流量表和所有者权益变动表。

(3) 按照财务报表编制范围的不同,可以分为个别财务报表和合并财务报表

①个别财务报表是独立核算的企业用来反映其自身财务状况、经营成果和现金流量情况的财务报表。

②合并财务报表是指由母公司编制的,以母公司和子公司组成的企业集团为会计主体,反映整个企业集团财务状况、经营成果和现金流量情况的财务报表。

【例题2.单项选择题】季度财务会计报告应于每季度终了后的(   )日内报出。

A.10   B.15   C.6   D.30

【答案】B

【解析】月报、季报、半年度、年度在每月终了后6日、15日、60日、4个月内报出。

【例题3.多项选择题】中期财务报表是包括(   )。

A.月报   B.季报   C.半年报   D.旬报

【答案】ABC

【解析】中期财务报表包括月报、季报和半年报,不包括旬报。

【例题4.多项选择题】按照财务报表编制范围的不同,财务报表可以分为(   )。

A.个别财务报表   B.合并财务报表
C.静态财务报表   D.动态财务报表

【答案】AB

【解析】按照财务报表编制范围的不同,财务报表可以分为个别财务报表和合并财务报表。

二、财务报表编制的基本要求

(1) 以持续经营为基础编制。

(2) 按正确的会计基础编制。

(3) 至少按年编制财务报表。

(4) 项目列报遵守重要性原则。

(5) 保持各个会计期间财务报表项目列报的一致性。

(6) 各项目之间的金额不得相互抵销。

(7) 至少应当提供所有列报项目上一个可比会计期间的比较数据。

（8）应当在财务报表的显著位置披露编报企业的名称等重要信息。

【例题5.单项选择题】我国《财务报表列报》准则规范企业财务报表以（ ）为基础编制。

A.会计分期　　　B.持续经营　　　C.货币计量　　　D.会计主体

【答案】B

【解析】《财务报表列报》准则规范企业财务报表以持续经营为基础编制。

【例题6.多项选择题】财务报表的编制的基本要求有（ ）。

A.至少按年编制

B.项目列报遵守重要性原则

C.各项目之间的金额不得相互抵销

D.至少应当提供一个可比会计期间的比较数据

【答案】ABCD

【解析】本题考点为财务报表的编制的基本要求。

三、财务报表编制前的准备工作

（1）严格审核会计账簿的记录和有关资料；

（2）进行全面财产清查、核实债务，并按规定程序报批，进行相应的会计处理；

（3）按规定的结账日进行结账，结出有关会计账簿的余额和发生额，并核对各会计账簿之间的余额；

（4）检查相关的会计核算是否按照国家统一的会计制度的规定进行；

（5）检查是否存在因会计差错、会计政策变更等原因需要调整前期或本期相关项目的情况等。

【考点二】 资产负债表

一、资产负债表的概念与作用

1. 资产负债表的概念

资产负债表是反映企业在某一特定日期的财务状况的财务报表，属于静态报表。

2. 资产负债表的作用

（1）通过资产负债表可以提供某一日期资产的总额及其结构，表明企业拥有或控制的资源及其分布情况；

（2）通过资产负债表可以提供某一日期的负债总额及其结构，表明企业未来需要用多少资产或劳务清偿债务以及清偿时间；

（3）通过资产负债表可以反映所有者所拥有的权益，据以判断资本保值、增值的情况以及对负债的保障程度。

【例题1.多项选择题】资产负债表的作用，主要体现在（　　　）。

A.表明企业拥有或控制的经济资源及其分布情况

B.反映所有者所拥有的权益

C.表明企业未来需要用多少资产或劳务清偿债务

D.提供进行财务分析的基本资料

【答案】ABCD

【解析】本题考点为资产负债表的作用。

二、资产负债表的列示要求

1. 资产负债表列报总体要求

（1）分类别列报。应当按照资产、负债和所有者权益三大类别分类列报。

（2）资产和负债按流动性列报，分别分为流动资产和非流动资产、流动负债和非流动负债列示。

（3）列报相关的合计、总计项目。资产类至少应当列示流动资产和非流动资产的合计项目；负债类至少应当列示流动负债、非流动负债以及负债的合计项目；所有者权益类应当列示所有者权益的合计项目。

资产负债表应当分别列示资产总计项目和负债与所有者权益之和的总计项目，并且这二者的金额应当相等。

2. 资产的列报

至少应当单独列示货币资金、交易性金融资产、应收账款、预付款项、存货等流动资产项目和可供出售金融资产、持有至到期投资、固定资产、工程物资、投资性房地产、无形资产等非流动资产项目。

3. 负债的列报

至少应当单独列示短期借款、应付账款、预收款项、应付职工薪酬、应交税费等流动负债项目和长期借款、应付债券、长期应付款等非流动负债项目。

4. 所有者权益的列报

至少应当单独列示实收资本（或股本）、资本公积、盈余公积、未分配利润等项目。

【例题2.单项选择题】在资产负债表中，下列属于非流动资产项目的是（　　　）。

A.其他应收款　　　　　　　　　　B.交易性金融资金

C.可供出售金融资产　　　　　　　　D.预付账款

【答案】C

【解析】在资产负债表中，可供出售金融资产、持有至到期投资、固定资产、投资性房地产、无形资产属于非流动资产项目。

【例题3.多项选择题】下列项目属于资产负债表中流动资产项目的有（　　　）。

A.货币资金　　　　　　　　　　　　B.存货

C.一年内到期的非流动资产　　　　　D.工程物资

【答案】ABC

【解析】工程物资属于非流动资产项目。

【例题4.多项选择题】下列项目属于资产负债表中流动负债项目的有（　　　）。

A.预收款项　　　　　　　　　　　　B.预付账款

C.一年内到期的非流动负债　　　　　D.应付债券

【答案】AC

【解析】预付款项和一年内到期的非流动负债属于流动资产项目，应付债券属于非流动负债，预付账款属于资产，故选项A、C正确。

三、资产负债表的一般格式

1. 资产负债表的结构

（1）我国资产负债表采用账户式的格式，其结构分为左右两方；左方反映企业所拥有的全部资产，右方反映企业的负债和所有者权益。

（2）根据"资产＝负债+所有者权益"会计等式的基本原理，左方的资产总额等于右方的负债和所有者权益的总额。两方总金额始终保持平衡关系，反映了资产与权益的本质联系。

2. 资产负债表的格式

资产负债表由表头和表体两部分组成。

（1）表头部分应列明报表名称、编表单位名称、资产负债表日和人民币金额单位。

（2）表体部分反映资产、负债和所有者权益的内容。表体部分是资产负债表的主体和核心，各项资产、负债和所有者权益按流动性排列，所有者权益项目按稳定性排列。

【例题5.单项选择题】我国企业的资产负债表采用（　　　）结构。

A.多步式　　　　B.报告式　　　　C.单步式　　　　D.账户式

【答案】D

【解析】我国资产负债表采用账户式的格式。

四、资产负债表编制的基本方法

1. 根据一个或几个总账科目的余额填列

（1）短期借款、应付票据、应付职工薪酬可根据总账账户余额直接填列。

（2）"货币资金"项目，应根据"库存现金"、"银行存款"、"其他货币资金"科目期末余额的合计数填列。

【例题 6.单项选择题】下列项目，根据相应总账账户余额直接填列的是（　　）。

A.预付款项　　　　B.应收票据　　　　C.长期股权投资　　D.在建工程

【答案】B

【解析】根据总账账户余额直接填列的有应收票据、短期借款、应付票据、应付职工薪酬等，故选项 B 正确。

2. 根据明细账科目的余额计算填列

（1）应收账款和预收款项

①应收账款，根据"应收账款"和"预收账款"所属各明细科目的期末借方余额合计减去"坏账准备"期末余额后的金额填列。

②预收款项，根据"应收账款"和"预收账款"所属明细科目期末贷方余额合计填列。

（2）预付款项和应付账款

①预付款项，根据"预付账款"和"应付账款"所属各明细科目的期末借方余额合计数，减去"坏账准备"科目中有关预付款项计提的坏账准备期末余额后的金额填列。

②应付账款，根据"应付账款"和"预付账款"科目所属各明细科目的期末贷方余额合计数填列。

【例题 7.单项选择题】"预收账款"科目所属明细科目期末有借方余额，应在资产负债表（　　）项目内填列。

A.预付款项　　　　B.应付账款　　　　C.应收账款　　　　D.预收款项

【答案】C

【解析】"预收账款"科目所属各明细科目期末有借方余额，应在资产负债表"应收账款"项目内填列。

3. 根据总账科目和明细账科目的余额分析计算填列

（1）"长期借款"项目，需要根据"长期借款"总账账户余额扣除"长期借款"账户下属的明细账户中反映的将于 1 年内到期的长期借款部分计算填列。

（2）长期待摊费用中将于1年（含1年）内摊销完毕的部分，应当在流动资产下"一年内到期的非流动资产"项目中反映。

4. 根据有关科目余额减去其备抵科目余额后的净额填列

（1）"固定资产"项目，反映企业各种固定资产原价减去累计折旧和累计减值准备后的净额。本项目应根据"固定资产"科目的期末余额，减去"累计折旧"和"固定资产减值准备"科目期末余额后的金额填列。

（2）"无形资产"项目，反映企业持有的无形资产，包括专利权、非专利技术、商标权、著作权、土地使用权等。本项目应根据"无形资产"的期末余额，减去"累计摊销"和"无形资产减值准备"科目期末余额后的金额填列。

5. 综合运用上述填列方法分析填列

"存货"项目，需要根据"原材料"、"委托加工物资"、"周转材料"、"材料采购"、"在途物资"、"发出商品"、"材料成本差异"等总账科目期末余额的分析汇总数，再减去"存货跌价准备"科目余额后的净额填列。

【例题8.单项选择题】某企业2015年8月份"原材料"账户期末余额为200 000元，"库存商品"账户的期末余额为240 000元，"生产成本"账户期末余额为60 000元，"存货跌价准备"账户期末余额为10 000元，"固定资产"账户的期末余额为400 000元，则本月资产负债表中"存货"项目的期末金额应填列（　　　）元。

A.430 000　　　　B.440 000　　　　C.490 000　　　　D.890 000

【答案】C

【解析】"存货"项目期末余额＝200 000＋240 000＋60 000－10 000＝490 000（元）。

【例题9.分析题】A公司20×4年12月31日，总分类账户及明细账户余额如下：

（1）总分类账户余额，见表10-1。

表10-1　　　　　　　　总分类账户及明细账户余额　　　　　　单位:元

账户名称	借方余额	贷方余额
库存现金	1 950	
银行存款	136 000	
应收账款	5 000	
坏账准备		600
预付账款	6 000	
原材料	73 400	

库存商品	62 400	
生产成本	13 500	
固定资产	342 500	
累计折旧		25 000
无形资产	22 000	
累计摊销		4 200
短期借款		29 000
应付账款		25 000
预收账款		8 000
长期借款		220 000
实收资本		314 650
盈余公积		18 500
利润分配		17 800
合计	662 750	662 750

（2）有关明细账户余额见表10-2。

表 10-2　　　　　　　　　有关明细账户余额　　　　　　单位:元

账户名称	借贷方向	余额
应收账款	借	5 000
——A 公司	借	6 000
——B 公司	贷	1 000
预收账款	贷	8 000
——C 公司	贷	9 600
——D 公司	借	1 600
预付账款	借	6 000
——E 公司	借	6 800
——F 公司	贷	800
应付账款	贷	25 000
——G 公司	贷	25 000

补充资料：长期借款中将于1年内到期归还的长期借款20 000元。

要求：根据上述资料，计算该公司20×4年12月31日资产负债表下列项目的余额。

（1）应收账款（　　）元；

（2）存货（　　）元；

（3）资产总计（　　）元；

（4）应付账款（　　）元；

（5）流动负债合计（　　）元。

【解析】

（1）应收账款＝6 000+1 600−600＝7 000（元）。

（2）存货＝73 400+62 400+13 500＝149 300（元）。

（3）预付账款＝6 800（元）。

资产＝1 950+136 000+7 000+6 800+149 300+342 500−25 000+22 000−4 200＝636 350（元）。

（4）应付账款＝25 000+800＝25 800（元）。

（5）预收账款＝1 000+9 600＝10 600（元）。

流动负债＝29 000+25 800+10 600+20 000＝85 400（元）。

【考点三】利润表

一、利润表的概念与作用

1. 利润表的概念

利润表又称为损益表，是反映企业在一定会计期间的经营成果的财务报表。由于它反映的是某一期间的情况，所以又称为动态报表。

2. 利润表的作用

（1）利润表可以反映一定会计期间收入的实现情况；

（2）利润表可以反映一定会计期间的费用耗费情况；

（3）利润表可以反映企业经济活动成果的实现情况，据以判断资本保值增值等情况。

【例题1.单项选择题】反映企业在一定会计期间的经营成果的会计报表是（　　）。

A.利润表　　　　B.现金流量表　　　C.资产负债表　　　D.所有者权益变动表

【答案】A

【解析】利润表又称为损益表，是反映企业在一定会计期间的经营成果的财务报表。

二、利润表的列示要求

（1）企业在利润表中应当对费用按照功能分类，分为从事经营业务发生的成本、管理费用、销售费用和财务费用等。

（2）利润表至少应当单独列示营业收入、营业成本、营业税金及附加、管理费用、销售费用、财务费用、投资收益、公允价值变动损益、资产减值损失、非流动资产处置损益、所得税费用、净利润、每股收益、综合收益总额等项目。

【例题2.多项选择题】下列属于利润表中的项目有（　　　）。

A.主营业务收入　　　B.营业收入　　　C.每股收益　　　D.资产减值损失

【答案】BCD

【解析】本题考点为利润表的列示要求，主营业务收入不单独列式，故选项A错误。

三、我国企业利润表的一般格式

在我国，企业应当采用多步式利润表。

四、利润表编制的基本方法

利润表的格式见表10-3。

1."本期金额"栏的填列方法

"本期金额"栏根据"主营业务收入"、"主营业务成本"、"营业税金及附加"、"销售费用"、"管理费用"、"财务费用"、"资产减值损失"、"公允价值变动损益"、"投资收益"、"营业外收入"、"营业外支出"、"所得税费用"等科目的发生额分析填列。其中，"营业利润"、"利润总额"、"净利润"等项目根据该表中相关项目计算填列。

（1）"营业收入"项目，反映企业经营主要业务和其他业务所确认的收入总额。本项目应根据"主营业务收入"和"其他业务收入"科目的发生额分析填列。

（2）"营业成本"项目，反映企业经营主要业务和其他业务所发生的成本总额。本项目应根据"主营业务成本"和"其他业务成本"科目的发生额分析填列。

（3）"营业税金及附加"项目，反映企业经营业务应负担的消费税、营业税、城市维护建设税、资源税、土地增值税和教育费附加等。本项目应根据"营业税金及附加"科目的发生额分析填列。

2."上期金额"栏的填列方法

"上期金额"栏应根据上年该期利润表"本期金额"栏内所列数字填列。

表 10-3　　　　　　　　　　　　　利润表

编制单位：　　　　　　　　　　　　年度　　　　　　　　　单位：元

项目	本期金额	上期金额
一、营业收入		
减：营业成本		
营业税金及附加		
销售费用		
管理费用		
财务费用		
资产减值损失		
加：公允价值变动收益（损失以"－"号填列）		
投资收益（损失以"－"号填列）		
二、营业利润（亏损以"－"号填列）		
加：营业外收入		
减：营业外支出		
其中：非流动资产处置损失		
三、利润总额（亏损总额以"－"号填列）		
减：所得税费用		
四、净利润（净亏损以"－"号填列）		
五、每股收益：		
（一）基本每股收益		
（二）稀释每股收益		

"上期金额"栏内各数字，根据上年度利润表"本期金额"栏填列或调整填列。

【例题 3.单项选择题】不影响营业利润金额的是（　　　）。

A.计提存货跌价准备　　　　　　　B.出售原材料并结转成本

C.购买国库券的利息收入　　　　　D.清理管理用固定资产发生净损失

【答案】D

【解析】清理管理用固定资产发生净损失计入营业外支出，影响利润总额，不影响营业利润。

【例题 4.多项选择题】利润表的特点是（　　　）。

A.根据损益账户的本期发生额编制　　B.根据相关账户的期末余额编制

C.属于静态报表　　　　　　　　　D.属于动态报表

【答案】AD

【解析】利润表是指反映企业在一定会计期间的经营成果的会计报表，属于动态会计报表，根据损益账户的本期发生额填列。

【例题5.多项选择题】利润表中"营业税金及附加"项目反映企业经营业务应负担的（　　　）。

A.增值税　　　　　B.消费税　　　　　C.营业税　　　　　D.城市维护建设税

【答案】BCD

【解析】"营业税金及附加"反映企业经营主要业务应负担的营业税、消费税、城市维护建设税、资源税、土地增值税和教育费附加等，故选项BCD正确。

【例题6.多项选择题】下列项目中，影响营业利润的项目包括（　　　）。

A.营业成本　　　B.其他业务收入　　　C.营业外收入　　　D.投资收益

【答案】ABD

【解析】营业外收入影响利润总额，不影响营业利润，故选项C错误。

【例题7.分析题】根据所给资料，编制利润表。

企业2014年损益类科目本年累计发生额资料见表10-4。

表10-4　　　　　　　　　损益类科目本年累计发生额　　　　　　单位:元

科目名称	借方发生额	贷方发生额
主营业务收入		1 100 000
其他业务收入		52 000
营业外收入		6 000
投资收益		80 800
主营业务成本	840 000	
其他业务成本	40 000	
管理费用	104 000	
财务费用	36 000	
销售费用	60 000	
营业税金及附加	1 740	
营业外支出	24 000	
所得税费用	33 265	

注：表中的所得税假定是已经根据税法的规定进行了调整后计算的。

【答案】见表10-5。

表 10-5　　　　　　　　　　　利润表

编制单位：　　　　　　　　　　2014 年度　　　　　　　　　　　单位:元

项目	本期金额	上期金额
一、营业收入	1 152 000	
减:营业成本	880 000	
营业税金及附加	1 740	
销售费用	60 000	
管理费用	104 000	
财务费用	36 000	
资产减值损失		
加:公允价值变动收益(损失以"-"号填列)		
投资收益(损失以"-"号填列)	80 800	
二、营业利润(亏损以"-"号填列)	151 060	
加:营业外收入	6 000	
减:营业外支出	24 000	
其中:非流动资产处置损失		
三、利润总额(亏损总额以"-"号填列)	133 060	
减:所得税费用	33 265	
四、净利润(净亏损以"-"号填列)	99 795	
五、每股收益:		
(一)基本每股收益		
(二)稀释每股收益		

【解析】

营业收入=主营业务收入 1 100 000+其他业务收入 52 000=1 152 000(元)

营业成本=主营业务成本 840 000+其他业务成本 40 000=880 000(元)

营业利润=营业收入 1 152 000-营业成本 880 000-营业税金及附加 1 740-销售费用 60 000-管理费用 104 000-财务费用 36 000+投资收益 80 800=151 060(元)

利润总额=营业利润 151 060+营业外收入 6 000-营业外支出 24 000=133 060(元)

所得税费用=利润总额 133 060×25%=33 265(元)

净利润=利润总额 133 060-所得税费用 33 265=99 795(元)

【例题 8.分析题】

华天公司所得税税率为 25%。该公司 2014 年 11 月份的利润表见表 10-6。

表 10-6　　　　　　　　　　　　利润表(简表)

编制单位:华天公司　　　　　　　2014 年 11 月　　　　　　　　单位:元

项目	本期金额	本年累计金额
一、营业收入	略	1 289 600
减:营业成本		885 400
营业税金及附加		21 700
销售费用		18 500
管理费用		40 900
财务费用		2 000
资产减值损失		3 500
二、营业利润(损失以"-"号填列)		317 600
加:营业外收入		1 400
减:营业外支出		3 000
三、利润总额(损失以"-"号填列)		316 000
减:所得税费用		79 000
四、净利润(亏损以"-"号填列)		237 000

华天公司 12 月发生以下经济业务:

(1)对外销售甲商品 1 000 件,单价 135 元,增值税税率 17%,收到对方开来的一张金额为 157 950 元的商业汇票。

(2)经批准处理财产清查中的账外设备一台,估计原价 10 000 元,7 成新。

(3)计算分配本月应付职工工资共计 45 000 元,其中管理部门 30 000 元,专设销售机构人员工资 15 000 元。

(4)计提本月办公用固定资产折旧 1 200 元。

(5)结转已销售的 1 000 件甲商品的销售成本 87 000 元。

(6)将本月实现的损益结转至"本年利润"账户。

要求:根据上述资料,完成下列华天公司 2014 年利润表的编制(见表 10-7)。

表 10-7　　　　　　　　　　　利润表（简表）

2014 年度

编制单位：华天公司　　　　　　　　　　　　　　　　　　　　单位：元

项目	本年金额	上年金额
一、营业收入	（1）	略
减：营业成本	972 400	
营业税金及附加	21 700	
销售费用	33 500	
管理费用	（2）	
财务费用	2 000	
资产减值损失	3 500	
二、营业利润（损失以"-"填列）	（3）	
加：营业外收入	8 400	
减：营业外支出	3 000	
三、利润总额（损失以"-"填列）	（4）	
减：所得税费用	（5）	
四、净利润（亏损以"-"填列）	（6）	

【答案】见表 10-8。

表 10-8　　　　　　　　　各项目金额　　　　　　　　单位：元

1	2	3	4	5	6
1 424 600	72 100	319 400	324 800	81 200	243 600

【解析】

1. 1 289 600+本月销售 135 000＝1 424 600

2. 40 900+管理部门应付职工工资 30 000+公用固定资产折旧 1 200＝72 100

3. 1 424 600－972 400－21 700－33 500－72 100－2 000－3 500＝319 400

4. 319 400+8 400－3 000＝324 800

5. 324 800×25%＝81 200

6. 324 800－81 200＝243 600

【同步练习】

一、单项选择题

1. 反映企业在一定会计期间经营成果的报表是（　　）。

A. 资产负债表　　　　　　　　　B. 利润表

C. 现金流量表　　　　　　　　　D. 所有者权益变动表

2. 在编制资产负债表时不能根据有关账户的期末余额直接填列的项目是（　　）。

A. 应收票据　　　B. 短期借款　　　C. 预计负债　　　D. 存货

3. 预收账款不多的企业可以不设置"预收账款"科目，而直接将预收的货款计记（　　）。

A. "应收账款"科目的借方　　　　B. "应收账款"科目的贷方

C. "应付账款"科目的借方　　　　D. "应付账款"科目的贷方

4. 资产负债表的作用是反映企业（　　）。

A. 某一时期的经营成果　　　　　B. 某一时期的财务状况

C. 某一时点的经营成果　　　　　D. 某一时点的财务状况

5. 资产负债表的资产项目通常按照（　　）的顺序排列。

A. 货币资金、应收账款、长期股权投资、存货、固定资产

B. 货币资金、应收账款、存货、长期股权投资、固定资产

C. 应收账款、货币资金、长期股权投资、存货、固定资产

D. 应收账款、货币资金、存货、固定资产、长期股权投资

6. 填制资产负债表"存货"项目的主要依据不包括（　　）。

A. 原材料　　　B. 生产成本　　　C. 工程物资　　　D. 存货跌价准备

7. 反映企业在某一特定日期财务状况的报表称为（　　）。

A. 资产负债表　　　　　　　　　B. 利润表

C. 现金流量表　　　　　　　　　D. 所有者权益变动表

8. 下列资产负债表项目中，需要根据若干总账科目期末余额计算后填列的项目是（　　）。

A. 货币资金　　　B. 应收票据　　　C. 实收资本　　　D. 应付职工薪酬

9. 某企业"应收账款"有关明细账借方余额为 160 000 元，贷方余额为 70 000 元，坏账准备为 500 元，在资产负债表中，"应收账款"项目数额应为（　　）元。

A. 160 000　　　　B. 90 000　　　　C. 159 500　　　　D. 89 500

10. 某企业"应付账款"科目期末余额 500 万元，其中明细科目借方余额 100 万元，贷方余额 600 万元。"预付账款"科目期末余额 60 万元，其中明细科目借方余额 100 万元，贷方余额 40 万元，则该企业资产负债表"预付账款"项目应填列的金额为（　　）万元。

A. 60　　　　B. 200　　　　C. 560　　　　D. 640

11. "预收账款"科目所属明细科目期末有借方余额，应在资产负债表（　　）项目内填列。

A. 预付款项　　　B. 应付账款　　　C. 应收账款　　　D. 预收款项

12. 某企业"应付账款"科目期末余额 500 万元，其中明细科目借方余额 100 万元，贷方余额 600 万元。"预付账款"科目期末余额 60 万元，其中明细科目借方余额 100 万元，贷方余额 40 万元，则该企业资产负债表"应付账款"项目应填列的金额为（　　）万元。

A. 60　　　　B. 200　　　　C. 560　　　　D. 640

13. 某企业"应收账款"科目期末余额 60 万元，其中明细科目借方余额 100 万元，贷方余额 40 万元。"预收账款"科目期末余额 500 万元，其中明细科目借方余额 100 万元，贷方余额 600 万元，坏账准备贷方余额为 20 万元，则该企业资产负债表"应收账款"项目应填列的金额为（　　）万元。

A. 40　　　　B. 180　　　　C. 200　　　　D. 540

14. 按照规定，企业的财务会计报告一般应于（　　）报出。

A. 年度终了后

B. 年度终了后 1 个月内

C. 月份终了后 3 个月内

D. 年度终了后 4 个月内

15. M 公司"应付账款"总账账户下设"A 公司"和"B 公司"两个明细账户。2014 年 6 月末，"应付账款"账户为贷方余额 56 000 元，"A 公司"明细账户为贷方余额 67 000 元，则"B 公司"明细账户为（　　）。

A. 借方余额 123 000 元

B. 贷方余额 123 000 元

C. 借方余额 11 000 元

D. 贷方余额 11 000 元

16. X 企业期末"应收账款"账户为借方余额 40 万元，其所属明细账户的借方余额合计为 58 万元，所属明细账户贷方余额合计为 18 万元，"坏账准备"账户为贷方余额 3 000 元，其中，针对应收账款计提的坏账准备为 2 000 元，则该企业资产负债表中"应收账款"账目的期末数为（　　）元。

A. 578 000　　　　B. 390 000　　　　C. 400 000　　　　D. 397 000

17. 利润表中的项目应根据损益类账户的（　　）填列。

A. 期初余额　　　B. 期末余额　　　C. 发生额　　　D. 期初余额加发生额

18. X 企业"库存现金"科目的期初余额为 8 650 元，当月企业业务人员出差共借出库存现金 7 200 元，购买办公用品支付库存现金 960 元，到银行提取库存现金共计 10 800 元，则该企业"库存现金"科目的期末余额应为（　　）元。

A. 11 290　　　B. 11 080　　　C. 12 250　　　D. 13 210

19. 月末，"本年利润"总账贷方余额 90 000 元，"利润分配"总账借方余额 100 000 元，则月度资产负债表"未分配利润"项目期末数应填列（　　）元。

A. −10 000　　　B. 10 000　　　C. −100 000　　　D. 90 000

20. 企业有关账户月末余额为："原材料"借方 260 000 元，"库存商品"借方 240 000 元，"生产成本"借方 100 000 元，"材料成本差异"借方 20 000 元，则月度资产负债表的"存货"项目期末数应填列（　　）元。

A. 580 000　　　B. 620 000　　　C. 610 000　　　D. 600 000

二、多项选择题

1. 下列属于中期财务会计报告的有（　　）。

A. 季报　　　B. 半年报　　　C. 月报　　　D. 年报

2. 下列各项中，属于财务会计报告编制基本要求的有（　　）。

A. 相关可比　　　B. 全面完整　　　C. 真实可靠　　　D. 历史成本

3. 下列各项中，属于流动负债的有（　　）。

A. 应付职工薪酬　　B. 专项应付款　　C. 应付债券　　D. 应付股利

4. 在资产负债表"负债及所有者权益"方填列的项目是（　　）。

A. 累计折旧　　　B. 长期应付款　　　C. 预付款项　　　D. 预收款项

5. 下列会计科目中，属于流动资产的有（　　）。

A. 应收账款　　　B. 预付账款　　　C. 无形资产　　　D. 存货

6. 资产负债表中"货币资金"项目，应根据哪些账户的期末余额合计填列（　　）。

A. 库存现金　　　B. 银行存款　　　C. 其他应收款　　　D. 其他货币资金

7. 可以根据总账账户期末余额直接填列的资产负债表项目有（　　）。

A. 交易性金融资产　　　　　　　B. 实收资本

C. 固定资产清理　　　　　　　　D. 货币资金

8. 在资产负债表的编制过程中，需要根据账户余额减去其备抵项目后的净额填列的是（　　　）。

A. 固定资产 B. 无形资产

C. 交易性金融资产 D. 委托加工物资

9. 固定资产的账面价值是根据（　　　）得出的。

A. 固定资产成本 B. 累计折旧 C. 累计减值准备 D. 公允价值

10. 下列关于利润表的作用说法正确的是（　　　）。

A. 有助于分析企业的经营成果和获利能力

B. 有助于考核企业管理人员的经营业绩

C. 有助于预测企业未来利润和现金流量

D. 有助于企业管理人员的未来决策

三、判断题

1. 财务会计报告的使用者通常包括投资者、债权人、政府及相关机构、企业管理人员、职工和社会公众等。（　　　）

2. 我国《小企业会计制度》规定，小企业的财务会计报告必须包括现金流量表。（　　　）

3. 按照我国企业会计准则的规定，我国企业的利润表采用单步式。（　　　）

4. 根据我国《企业财务会计报告条例》的规定，年度和半年度财务会计报告应当包括会计报表的附注。（　　　）

5. 资产负债表是将企业某一时期的全部资产、负债和所有者权益项目进行适当分类、汇总和排列后编制而成的。（　　　）

6. 资产负债表资产方各个项目的排列顺序是由资产的重要性决定的。（　　　）

7. "应收账款"所属明细科目期末有贷方余额，应在资产负债表的"预收款项"项目内填列。（　　　）

8. 反映企业某一特定日期财务状况的会计报表是利润表。（　　　）

9. 年度资产负债表往往和当年12月份的资产负债表相同。（　　　）

10. 动态财务报表一般应根据有关账户的"期末余额"填列。（　　　）

四、分析题

1. 华天公司所得税税率是25%，该公司2014年1月至11月各损益类账户的累计发生额和12月底转账前各损益类账户的发生额见表10-9。

表 10-9　　　　　　　　　各损益类账户发生额　　　　　　　　单位：元

账户名称	12月份发生数		1月至11月累计发生数	
	借方	贷方	借方	贷方
主营业务收入		318 000		5 000 000
主营业务成本	252 500		2 800 000	
销售费用	2 600		10 000	
营业税金及附加	1 000		29 000	
其他业务成本	7 500		32 500	
营业外支出	2 000		11 000	
财务费用	3 000		30 000	
管理费用	4 400		50 000	
其他业务收入		9 500		45 000
营业外收入		3 000		
投资收益		20 000		

则华天公司 2014 年度利润表的报表项目金额见表 10-10。

表 10-10　　　　　　　　　　各项目金额

1. 营业收入（　　　）元	4. 利润总额（　　　）元
2. 营业成本（　　　）元	5. 所得税费用（　　　）元
3. 营业利润（　　　）元	6. 净利润（　　　）元

2. 华天公司为增值税一般纳税人，主要生产和销售甲产品，适用增值税税率 17%，所得税税率 25%，城建税和教育费附加略。该公司 2014 年发生以下业务：

（1）销售甲产品一批，该批产品的成本 16 万元，销售价格 40 万元，专用发票注明增值税 6.8 万元，产品已经发出，提货单已交给买方。货款及增值税税款尚未收到。

（2）当年分配并发放职工工资 40 万元，其中生产工人工资 24 万元，车间管理人员工资 8 万元，企业管理人员工资 8 万元。

（3）本年出租一台设备，取得租金收入 8 万元。

（4）本年度计提固定资产折旧 8 万元，其中计入制造费用的固定资产折旧 5 万元，计入管理费用的折旧 2 万元，出租设备的折旧 1 万元。

（5）用银行存款支付销售费用 1 万元。

（6）在本年年末的财产清查中发现账外设备一台，其市场价格是 2 万元，经批准转作营业外收入。

华天公司 2014 年度利润表的下列报表项目金额见表 10-11。

表 10-11　　　　　　　　　　　各项目金额

1. 营业收入（　　　　）元	4. 利润总额（　　　　）元
2. 营业成本（　　　　）元	5. 所得税费用（　　　　）元
3. 营业利润（　　　　）元	6. 净利润（　　　　）元

3. 华天公司所得税税率 25%，该公司 2014 年的收入和费用有关资料见表 10-12。

表 10-12　　　　　华天公司 2014 年的收入和费用　　　　　单位：元

账户名称	借方发生额	贷方发生额
主营业务收入		650 000
其他业务收入		85 000
营业外收入		3 500
投资收益		11 800
主营业务成本	370 000	
其他业务成本	41 000	
营业税金及附加	7 800	
销售费用	12 000	
管理费用	23 000	
财务费用	3 500	
资产减值损失	4 500	
营业外支出	8 000	

则华天公司 2014 年度利润表的下列报表项目金额为：

1. 营业收入（　　　　）元	4. 利润总额（　　　　）元
2. 营业成本（　　　　）元	5. 所得税费用（　　　　）元
3. 营业利润（　　　　）元	6. 净利润（　　　　）元

4. 已知华天公司 2014 年末总资产比年初总资产多 200 000 元，年末流动资产是年末流动负债的 6 倍，且比年初流动资产多 20 000 元。2014 年末的资产负债表（简表）见表 10-13。

表10-13 资产负债表（简表）

制表单位：华天公司　　　　　　　2014 年 12 月 31 日　　　　　　　　单位：元

资产	年初数	年末数	负债及所有者权益	年初数	年末数
流动资产：			流动负债：		
货币资金	62 500	57 200	短期借款	20 000	23 600
应收账款	73 500	（1）	应付账款	22 500	（9）
其他应收款	26 000	29 500	应交税费	（10）	16 500
存货	（2）	133 200	流动负债合计	（11）	62 700
流动资产合计	（3）	（4）	非流动负债：		
非流动资产：			长期借款	180 000	350 000
固定资产	（5）	（6）	所有者权益：		
固定资产清理			实收资本	310 000	310 000
无形资产			盈余公积	72 000	（12）
			所有者权益合计	（13）	（14）
资产总计	（7）	（8）	负债及所有者权益总计	610 000	（15）

要求：填列华天公司 2014 年度资产负债表项目金额。

5. 已知华天公司 2014 年初总资产比年末总资产少 100 000 元，年末流动资产是年末流动负债的 3 倍，且比年初流动资产多 20 000 元，2014 年末的资产负债表（简表）见表 10-14。

表10-14 资产负债表（简表）

制表单位：华天公司　　　　　　　2014 年 12 月 31 日　　　　　　　　单位：元

资产	年初数	年末数	负债及所有者权益	年初数	年末数
流动资产：			流动负债：		
货币资金	52 500	47 200	短期借款	20 000	50 000
应收账款	26 500	（1）	应付账款	25 500	（9）
其他应收款	1 000	1 500	应交税费	（10）	6 500
存货	（2）	233 800	流动负债合计	（11）	122 000
流动资产合计	（3）	（4）	非流动负债：		
非流动资产：			长期借款	180 000	200 000
固定资产	（5）	（6）	所有者权益：		
			实收资本	300 000	300 000
			盈余公积	18 000	（12）
			所有者权益合计		（13）	（14）
资产总计	（7）	（8）	负债及所有者权益总计	550 000	（15）

同步练习参考答案

第一章　总论

一、单项选择题

1. D　2. B　3. C　4. C　5. B　6. B　7. B　8. C　9. A　10. B
11. A　12. B　13. C　14. A　15. C　16. D　17. B　18. A　19. B　20. C

二、多项选择题

1. ABCD　2. BCD　3. AC　4. ABD　5. ABCD　6. BD
7. ABC　8. ABD　9. ABCD　10. BC　11. ABCD　12. BCD
13. ABCD　14. ABD　15. ABCD

三、判断题

1. ×　2. ×　3. √　4. √　5. ×　6. √　7. ×　8. √
9. √　10. √　11. ×　12. ×　13. √　14. √　15. ×

第二章　会计要素与会计等式

一、单项选择题

1. C　2. A　3. D　4. B　5. A　6. A　7. C　8. B　9. A　10. C
11. A　12. D　13. D　14. C　15. D　16. A　17. B　18. D　19. C　20. C
21. B　22. D　23. A　24. D　25. B

二、多项选择题

1. AD　2. ABD　3. CD　4. ABC　5. AB　6. AC　7. ABC
8. ABCD　9. CD　10. ABD　11. ACD　12. ACD　13. BCD　14. BCD
15. ABCD

三、判断题

1. ×　2. ×　3. ×　4. √　5. √　6. √　7. ×　8. √

9. √   10. ×   11. ×   12. ×   13. ×   14. √   15. √

第三章　会计科目与账户

一、单项选择题

 1. D 2. A 3. D 4. D 5. C 6. C 7. A 8. A 9. B 10. C
11. A 12. D 13. B 14. C 15. C

二、多项选择题

1. ABC   2. ABC   3. BCD   4. AD   5. ABC   6. BD   7. AC
8. BD   9. ABC   10. CD

三、判断题

 1. ×   2. ×   3. ×   4. ×   5. √   6. ×   7. √   8. ×   9. √
10. √

第四章　会计记账方法

一、单项选择题

 1. C   2. B   3. D   4. C   5. D   6. C   7. B   8. C   9. D
10. D

二、多项选择题

1. ABCD   2. ABC   3. AB   4. BCD   5. ABCD   6. ABC   7. ABD
8. BC   9. BD   10. ABD

三、判断题

 1. ×   2. ×   3. ×   4. √   5. ×   6. √   7. ×   8. √   9. √
10. ×

四、分析题

1. (1) 300 000   (2) 300 500   (3) 7 500   (4) 5 000   (5) 6 000
2. (1) 35 000   (2) 63 000   (3) 40 000 (4) 23 000 (5) 7 000
3. (1) 300 000   (2) 300 500   (3) 8 500   (4) 5 000   (5) 51 000
4. (1) 50 000   (2) 405 000   (3) 515 000 (4) 300 000 (5) 163 000
5. (1) 50 000   (2) 405 000   (3) 506 000 (4) 300 000 (5) 149 000
6. (1) 50 000   (2) 405 000   (3) 510 000 (4) 300 000 (5) 117 000
7. (1) 146 400   (2) 166 800   (3) 102 600 (4) 94 200 (5) 384 000

8.（1）30 000　（2）200 000　（3）40 000　（4）140 000　（5）310 000

第五章　企业主要经济业务的账务处理

一、单项选择题

1. B　2. C　3. D　4. B　5. D　6. B　7. C　8. B　9. B　10. A
11. B　12. D　13. C　14. A　15. A

二、多项选择题

1. ACD　2. ABCD　3. ABC　4. AD　5. ACD　6. ABC
7. BCD　8. AD　9. BCD　10. ABC　11. BD　12. ABCD
13. AD　14. AD　15. ABCD

三、判断题

1. √　2. ×　3. ×　4. ×　5. √　6. √　7. √　8. ×　9. √
10. ×

四、分析题

1.（1）借：固定资产　　　　　　　　　　　　　　3 000 000
　　　　　贷：实收资本　　　　　　　　　　　　　　　3 000 000
（2）借：固定资产　　　　　　　　　　　　　　　2 000 000
　　　　无形资产　　　　　　　　　　　　　　　1 000 000
　　　　　贷：实收资本　　　　　　　　　　　　　　　3 000 000
（3）借：银行存款　　　　　　　　　　　　　　　3 000 000
　　　　　贷：实收资本　　　　　　　　　　　　　　　3 000 000
（4）借：无形资产　　　　　　　　　　　　　　　4 000 000
　　　　　贷：实收资本　　　　　　　　　　　　　　　3 000 000
　　　　　　　资本公积　　　　　　　　　　　　　　　1 000 000
（5）借：固定资产　　　　　　　　　　　　　　　4 000 000
　　　　　贷：实收资本　　　　　　　　　　　　　　　3 000 000
　　　　　　　资本公积　　　　　　　　　　　　　　　1 000 000
2.（1）借：无形资产　　　　　　　　　　　　　12 750 000
　　　　　贷：实收资本　　　　　　　　　　　　　　12 650 000
　　　　　　　资本公积　　　　　　　　　　　　　　　100 000
（2）借：原材料　　　　　　　　　　　　　　　　161 000
　　　　应交税费——应交增值税（进项税额）　　　27 370

　　　　　贷：银行存款　　　　　　　　　　　　　　　　　　　　188 370

（3）借：销售费用　　　　　　　　　　　　　　　　　　　36 000

　　　　　贷：银行存款　　　　　　　　　　　　　　　　　　　　36 000

（4）借：营业外支出　　　　　　　　　　　　　　　　　432 000

　　　　　贷：银行存款　　　　　　　　　　　　　　　　　　　432 000

（5）借：管理费用　　　　　　　　　　　　　　　　　　3 830.4

　　　　　贷：累计折旧　　　　　　　　　　　　　　　　　　　　3 830.4

3.（1）借：固定资产清理　　　　　　　　　　　　　　　2 550 000

　　　　　累计折旧　　　　　　　　　　　　　　　　　　450 000

　　　　　贷：固定资产　　　　　　　　　　　　　　　　　　　3 000 000

（2）借：固定资产清理　　　　　　　　　　　　　　　　20 000

　　　　　贷：库存现金　　　　　　　　　　　　　　　　　　　　20 000

（3）借：银行存款　　　　　　　　　　　　　　　　　2 800 000

　　　　　贷：固定资产清理　　　　　　　　　　　　　　　　　2 800 000

（4）借：固定资产清理　　　　　　　　　　　　　　　140 000

　　　　　贷：应交税费——应交营业税　　　　　　　　　　　　140 000

（5）借：固定资产清理　　　　　　　　　　　　　　　90 000

　　　　　贷：营业外收入　　　　　　　　　　　　　　　　　　　90 000

4.（1）A 材料的采购成本＝300×120+16 500/（300+200）×300＝45 900（元）

（2）B 材料的采购成本＝200×80+16 500/（300+200）×200＝22 600（元）

（3）借：银行存款　　　　　　　　　　　　　　　　　46 800

　　　　　贷：其他业务收入　　　　　　　　　　　　　　　　　40 000

　　　　　　应交税费——应交增值税（销项税额）　　　　　　　6 800

（4）借：其他业务成本（45 900÷300×200）　　　　　30 600

　　　　　贷：原材料　　　　　　　　　　　　　　　　　　　　30 600

（5）借：银行存款　　　　　　　　　　　　　　　　2 500 000

　　　　　贷：长期借款　　　　　　　　　　　　　　　　　　2 500 000

5.（1）借：在途物资　　　　　　　　　　　　　　　183 000

　　　　　应交税费——应交增值税（进项税额）　　　　31 110

　　　　　贷：应付账款　　　　　　　　　　　　　　　　　　214 110

（2）借：固定资产　　　　　　　　　　　　　　　　　57 000

　　　　　应交税费——应交增值税（进项税额）　　　　9 690

　　　　　贷：银行存款　　　　　　　　　　　　　　　　　　66 690

（3）借：制造费用   30 000
　　贷：银行存款   30 000
（4）借：生产成本   42 650
　　贷：原材料   42 650
（5）借：管理费用   363 352
　　贷：累计折旧   363 352
6.（1）借：原材料   1 245 000
　　　应交税费——应交增值税（进项税额）   211 650
　　　贷：银行存款   1 456 650
（2）借：在途物资   208 000
　　　应交税费——应交增值税（进项税额）   35 360
　　　贷：应付账款   243 360
（3）借：原材料   212 000
　　　贷：银行存款   4 000
　　　　在途物资   208 000
（4）借：制造费用   113 000
　　　贷：原材料——N 材料   46 500
　　　　原材料——M 材料   66 500
（5）借：管理费用   119 000
　　　贷：原材料——N 材料   87 000
　　　　原材料——M 材料   32 000
7.（1）借：原材料——N 材料   476 000
　　　应交税费——应交增值税（进项税额）   80 920
　　　贷：银行存款   556 920
（2）借：在途物资——M 材料   874 000
　　　应交税费——应交增值税（进项税额）   148 580
　　　贷：应付账款——丙公司   1 022 580
（3）借：原材料——M 材料   878 000
　　　贷：银行存款   4 000
　　　　在途物资——M 材料   874 000
（4）借：制造费用   78 000
　　　贷：原材料——N 材料   16 000
　　　　　——M 材料   62 000

(5) 借：管理费用   101 000

    贷：原材料——N 材料   78 000

          ——M 材料   23 000

8. (1) 借：无形资产   19 280 000

     贷：实收资本   19 180 000

        资本公积   100 000

(2) 借：原材料   748 000

     应交税费——应交增值税（进项税额）   127 160

       贷：银行存款   875 160

(3) 借：销售费用   60 100

       贷：银行存款   60 100

(4) 借：营业外支出   736 000

       贷：银行存款   736 000

(5) 借：管理费用   16 732.8

       贷：累计折旧（（581 000−581 000×4%）×3 000/100 000）   16 732.8

9. (1) 借：无形资产   17 883 000

      贷：实收资本   17 783 000

         资本公积   100 000

(2) 借：原材料   951 000

     应交税费——应交增值税（进项税额）   161 670

       贷：银行存款   1 112 670

(3) 借：销售费用   25 200

       贷：银行存款   25 200

(4) 借：营业外支出   376 000

       贷：银行存款   376 000

(5) 借：管理费用   16 790.40

       贷：累计折旧（583 000×（1−4%）×3 000/100 000）   16 790.40

10. (1) 借：固定资产   50 000

        应交税费——应交增值税（进项税额）   8 500

       贷：银行存款   58 500

(2) 借：制造费用   4 900

       贷：累计折旧   4 900

(3) 借：固定资产清理   45 100

	累计折旧	4 900
	贷：固定资产	50 000

（4）借：银行存款 35 100

  贷：固定资产清理 30 000

   应交税费——应交增值税（销项税额） 5 100

（5）借：营业外支出 15 100

  贷：固定资产清理 15 100

11.（1）借：银行存款 480 000

   贷：短期借款 480 000

（2）借：财务费用 1 600

  贷：应付利息 1 600

（3）借：财务费用 1 600

  贷：应付利息 1 600

（4）借：财务费用 1 600

   应付利息 3 200

  贷：银行存款 4 800

（5）借：短期借款 480 000

  贷：银行存款 480 000

12.（1）借：生产成本——甲产品 120 000

      ——乙产品 78 000

    制造费用 3 000

    管理费用 2 000

   贷：原材料——A 材料 203 000

（2）借：生产成本——甲产品 67 000

      ——乙产品 47 000

    制造费用 17 100

    管理费用 22 800

   贷：应付职工薪酬 153 900

（3）借：制造费用 4 000

    管理费用 1 000

   贷：累计折旧 5 000

借：制造费用 4 400

 贷：银行存款 4 400

（4）借：主营业务收入   200 000

   应交税费——应交增值税（销项税额） 34 000

    贷：银行存款   234 000

借：库存商品   140 000

  贷：主营业务成本   140 000

（5）借：管理费用   3 510

    贷：应付职工薪酬   3 510

借：应付职工薪酬   3 510

  贷：主营业务收入   3 000

   应交税费——应交增值税（销项税额） 510

借：主营业务成本   2 100

  贷：库存商品   2 100

第六章　会计凭证

一、单项选择题

1. B　2. D　3. C　4. D　5. B　6. A　7. D　8. B　9. B　10. C
11. B　12. C　13. B　14. B　15. C　16. D　17. A　18. C　19. A　20. C
21. C　22. D　23. A　24. B　25. B

二、多项选择题

1. ABCD　2. ABCD　3. BCD　4. BD　5. ACD　6. AB
7. AB　8. AB　9. ABC　10. ACD　11. ABCD　12. ABCD
13. AB　14. ABCD　15. ABC

三、判断题

1. √　2. ×　3. √　4. √　5. ×　6. ×　7. ×　8. ×　9. ×
10. √　11. ×　12. √　13. ×　14. ×　15. ×

第七章　会计账簿

一、单项选择题

1. C　2. C　3. C　4. D　5. C　6. C　7. B　8. D　9. C　10. D
11. A　12. A　13. C　14. D　15. A　16. A　17. C　18. B　19. B　20. B
21. D　22. C　23. C　24. C　25. C　26. C　27. D　28. B　29. C　30. A

31. A 32. D 33. D 34. C 35. B

二、多项选择题

1. BD 2. ACD 3. BCD 4. ACD 5. AD 6. BD

7. BCD 8. AD 9. ABC 10. ABCD 11. BCD 12. ABC

13. ABC 14. ABCD 15. ABCD 16. ABCD 17. AB 18. ABC

19. ACD 20. ACD

三、判断题

1. √ 2. √ 3. √ 4. √ 5. × 6. × 7. × 8. × 9. √

10. √

第八章 账务处理程序

一、单项选择题

1. B 2. A 3. D 4. B 5. C 6. C 7. D 8. A 9. A 10. B

11. B 12. D 13. B 14. C 15. D 16. C 17. A 18. D 19. D 20. B

二、多项选择题

1. AD 2. ABC 3. AB 4. ABD 5. AC 6. ACD

7. AB 8. AC 9. ABC 10. ACD

三、判断题

1. √ 2. × 3. × 4. √ 5. √ 6. √ 7. √ 8. √ 9. ×

10. √ 11. × 12. √ 13. × 14. √ 15. √ 16. √ 17. × 18. ×

19. √ 20. ×

第九章 财产清查

一、单项选择题

1. D 2. D 3. B 4. A 5. D 6. C 7. C 8. A 9. D 10. D

11. C 12. B 13. C 14. D 15. B 16. A 17. A 18. C 19. B 20. A

21. C 22. D 23. A 24. D 25. A

二、多项选择题

1. ABC 2. AC 3. ABCD 4. AC 5. CD 6. AB

7. ABCD 8. ABCD 9. BCD 10. BC 11. AB 12. AB

13. CD 14. ABCD 15. ABCD 16. ACD 17. ABC 18. ABCD

19. AB   20. ABCD   21. ABC   22. ABCD 23. ABD   24. BCD
25. ABCD

三、判断题

1. ×   2. ×   3. ×   4. √   5. √   6. ×   7. ×   8. ×   9. ×
10. ×   11. √ 12. √ 13. × 14. √ 15. √ 16. × 17. × 18. ×
19. × 20. ×

四、分析题

1. 见表9-3。

表9-3   银行存款余额调节表   单位：元

项　目	金额	项　目	金额
企业银行存款日记账余额	241 800	银行对账单余额	244 433
加：银行已收，企业未收款	7 123	加：企业已收，银行未收款	13 240
减：银行已付，企业未付款	3 250	减：企业已付，银行未付款	12 000
调节后的余额	245 673	调节后的余额	245 673

2.（1）借：库存现金   659
      贷：待处理财产损溢   659
  （2）借：待处理财产损溢   659
        贷：营业外收入   659
  （3）借：待处理财产损溢   2 421.9
       贷：原材料   2 070
       应交税费——应交增值税（进项税额转出） 351.9
  （4）借：管理费用   2 421.9
       贷：待处理财产损溢   2 421.9
 （5）43 380。
借：固定资产   43 380
 贷：以前年度损益调整   43 380
 3.（1）借：库存现金   900
       贷：待处理财产损溢   900
  （2）借：待处理财产损溢   900
        贷：营业外收入   900
  （3）借：待处理财产损溢   1 661.4
       贷：原材料   1 420

应交税费——应交增值税（进项税额转出）	241.4

（4）借：管理费用　　　　　　　　　　　　　　　　　　1 661.4
　　　　贷：待处理财产损溢　　　　　　　　　　　　　　　　　　1 661.4

（5）7 740。

【解析】8 600×90％＝7 740（元）。

借：固定资产　　　　　　　　　　　　　　　　　　　　7 740
　贷：以前年度损益调整　　　　　　　　　　　　　　　　　　7 740

4.（1）借：库存现金　　　　　　　　　　　　　　　　　735
　　　　　贷：待处理财产损溢　　　　　　　　　　　　　　　　735

（2）借：待处理财产损溢　　　　　　　　　　　　　　　735
　　　　贷：其他应付款　　　　　　　　　　　　　　　　　　　735

（3）借：待处理财产损溢　　　　　　　　　　　　　　3 381.3
　　　　贷：库存商品　　　　　　　　　　　　　　　　　　　2 890
　　　　　应交税费——应交增值税（进项税额转出）　　　491.3

（4）借：管理费用　　　　　　　　　　　　　　　　　3 381.3
　　　　贷：待处理财产损溢　　　　　　　　　　　　　　　3 381.3

（5）54 000。

借：固定资产　　　　　　　　　　　　　　　　　　　54 000
　贷：以前年度损溢调整　　　　　　　　　　　　　　　54 000

5.（1）借：库存现金　　　　　　　　　　　　　　　　517
　　　　　贷：待处理财产损溢　　　　　　　　　　　　　　　517

（2）借：待处理财产损溢　　　　　　　　　　　　　　517
　　　　贷：其他应付款　　　　　　　　　　　　　　　　　　517

（3）借：待处理财产损溢　　　　　　　　　　　　　3 540
　　　　累计折旧　　　　　　　　　　　　　　　　14 160
　　　　贷：固定资产　　　　　　　　　　　　　　　　17 700

（4）借：其他应收款　　　　　　　　　　　　　　　1 000
　　　　营业外支出　　　　　　　　　　　　　　　　2 540
　　　　贷：待处理财产损溢　　　　　　　　　　　　　　3 540

（5）借：应付账款　　　　　　　　　　　　　　　　7 900
　　　　贷：营业外收入　　　　　　　　　　　　　　　7 900

6.（1）借：库存现金　　　　　　　　　　　　　　　　441
　　　　　贷：待处理财产损溢　　　　　　　　　　　　　　441

（2）借：待处理财产损溢   441

    贷：其他应付款   441

（3）借：待处理财产损溢   3 627

    贷：原材料   3 100

        应交税费——应交增值税（进项税额转出）   527

（4）借：管理费用   3 100

    贷：待处理财产损溢   3 100

（5）借：待处理财产损溢   45 000

    累计折旧   20 000

    贷：固定资产   65 000

借：其他应收款   20 000

  营业外支出   25 000

   贷：待处理财产损溢   45 000

7.（1）借：待处理财产损溢   251

    贷：库存现金   251

（2）借：管理费用   251

    贷：待处理财产损溢   251

（3）借：库存商品   4 940

    贷：待处理财产损溢   4 940

（4）借：待处理财产损溢   4 940

    贷：管理费用   4 940

（5）借：应付账款   56 600

    贷：营业外收入   56 600

8.（1）借：库存现金   287

    贷：待处理财产损溢   287

（2）借：待处理财产损溢   287

    贷：营业外收入   287

（3）借：待处理财产损溢   4 200

    累计折旧   16 800

    贷：固定资产   21 000

（4）借：营业外支出   4 200

    贷：待处理财产损溢   4 200

（5）借：应付账款   4 400

贷：营业外收入	4 400
9.（1）借：库存现金	484
贷：待处理财产损溢	484
（2）借：待处理财产损溢	484
贷：营业外收入	484
（2）借：待处理财产损溢	3 540
累计折旧	14 160
贷：固定资产	17 700
（4）借：营业外支出	2 540
其他应收款	1 000
贷：待处理财产损溢	3 540
（5）借：应付账款	6 100
贷：营业外收入	6 100
10.（1）借：待处理财产损溢	172
贷：库存现金	172
（2）借：管理费用	172
贷：待处理财产损溢	172
（3）借：原材料	4 650
贷：待处理财产损溢	4 650
（4）借：待处理财产损溢	4 650
贷：管理费用	4 650
（5）借：坏账准备	51 700
贷：应收账款	51 700

第十章　财务报表

一、单项选择题

1. B　2. D　3. B　4. D　5. B　6. C　7. A　8. A　9. C　10. B
11. C　12. D　13. B　14. D　15. C　16. A　17. C　18. A　19. A　20. B

二、多项选择题

1. ABC　2. ABC　3. AD　4. BD　5. ABD　6. ABD
7. ABC　8. AB　9. ABC　10. ABCD

三、判断题

1. √   2. ×   3. ×   4. ×   5. ×   6. ×   7. √   8. ×   9. √
10. ×

四、分析题

1. 华天公司2014年度利润表的报表项目金额见表10-15。

表10-15 各项目金额

1. 营业收入（5 372 500）元	4. 利润总额（2 160 000）元
2. 营业成本（3 092 500）元	5. 所得税费用（540 000）元
3. 营业利润（2 170 000）元	6. 净利润（1 620 000）元

2. 华天公司2014年度利润表的报表项目金额见表10-16。

表10-16 各项目金额

1. 营业收入（480 000）元	4. 利润总额（220 000）元
2. 营业成本（170 000）元	5. 所得税费用（55 000）元
3. 营业利润（200 000）元	6. 净利润（165 000）元

3.（1）营业收入 = 650 000+85 000 =73 5000（元）；

（2）营业成本 = 370 000+41 000 = 411 000（元）；

（3）营业利润 = 735 000-411 000-7 800-12 000-23 000-3 500-4 500+11 800 =285 000（元）；

（4）利润总额 = 285 000+3 500-8 000 = 280 500（元）；

（5）所得税费用 = 280 500×25% = 70 125（元）；

（6）净利润 = 280 500-70 125 = 210 375（元）。

4.（7）= 610 000

（8）=（15）

（9）= 62 700-23 600-16 500 = 22 600

由2014年末总资产比年初总资产多200 000元得：

（8）=（7）+200 000 = 610 000+200 000 = 810 000 =（15）

（14）=（15）-62 700-350 000 = 397 300

（12）=（14）-310 000 = 87 300

由年末流动资产是年末流动负债的6倍，且比年初流动资产多20 000元，得：

（4）= 6×62 700 = 376 200

（4）=（3）+20 000，则：

（3）= 356 200

（1）＝（4）－57 200－29 500－133 200＝156 300

（6）＝（8）－（4）＝810 000－376 200＝433 800

（2）＝（3）－62 500－73 500－26 000＝194 200

（5）＝（7）－（3）＝253 800

（13）＝310 000＋720 00＝382 000

（11）＝610 000－（13）－180 000＝48 000

（10）＝（11）－20 000－22 500＝5 500

5.（1）83 500　（2）266 000　（3）346 000　（4）366 000　（5）204 000

（6）284 000　（7）550 000　（8）650 000　（9）65 500　（10）6 500

（11）52 000　（12）28 000　（13）318 000　（14）328 000　（15）650 000